太姥文化研究资料丛刊书目

之一：太姥诗文集

之二：太姥石刻文书

之三：太姥族谱文献

之四：太姥民间文书

之五：太姥宫庙道俗

之六：太姥族群文献

之七：太姥史料汇释

之八：太姥档案文献

太姥宫庙道俗

福鼎文史·太姥文化研究资料丛刊

张永宏 编著

厦门大学出版社 国家一级出版社
XIAMEN UNIVERSITY PRESS 全国百佳图书出版单位

图书在版编目(CIP)数据

太姥宫庙道俗/张永宏编著.—厦门:厦门大学出版社,2019.12
(福鼎文史·太姥文化研究资料丛刊)
ISBN 978-7-5615-7692-2

Ⅰ.①太…　Ⅱ.①张…　Ⅲ.①道教—宗教文化—福鼎　Ⅳ.①B958

中国版本图书馆 CIP 数据核字(2019)第 273924 号

出 版 人	郑文礼
责任编辑	薛鹏志　章木良
封面设计	李嘉彬
技术编辑	朱　楷

出版发行　厦门大学出版社

社　　址	厦门市软件园二期望海路 39 号
邮政编码	361008
总　　机	0592-2181111　0592-2181406(传真)
营销中心	0592-2184458　0592-2181365
网　　址	http://www.xmupress.com
邮　　箱	xmup@xmupress.com
印　　刷	厦门市明亮彩印有限公司

开本	720 mm×1 000 mm　1/16
印张	14.75
插页	2
字数	250 千字
印数	1～3 000 册
版次	2019 年 12 月第 1 版
印次	2019 年 12 月第 1 次印刷
定价	60.00 元

本书如有印装质量问题请直接寄承印厂调换

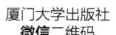
厦门大学出版社
微信二维码

厦门大学出版社
微博二维码

福鼎市政协·福鼎文史

太姥文化研究资料丛刊
编 委 会

主　任：李绍美　叶梅生

副主任：丁一芸　曾庆游

成　员：赖百曲　杨雪晶　白荣敏　狄　民
　　　　郑　坚

主　编：张先清

副主编：白荣敏

总　　序

太姥文化作为中国地域文化形态之一,具有十分丰富的文化内涵,值得深入考察。众所周知,要切实推进一种地域文化的研究,关键是必须打下坚实的资料基础。近人梁启超在谈到史料对于史学研究的重要性时,就曾形象地把史料喻为"史之组织细胞",认为"史料不具或不确,则无复史之可言"。由此可见,资料对于学术研究而言,不啻清渠活水。脱离了扎实的资料搜集与整理工作,其研究则无异于无源之水,无本之木。因此,推动太姥文化研究的当务之急是充分挖掘太姥文化区的资料蕴藏,也是我们编辑这套资料研究丛刊的主要原因。

毫无疑问,历经数千年积淀所形成的太姥文化研究资料是十分丰富多样的。大体而言,主要有如下三大类:首先是文书档案类资料,包括历代档案、方志文集、报刊文录、宗族谱牒、歌册笔记、碑铭图像、民间契约等。可以说,留存在福鼎地区的这一类别资料数量众多,有些还是相当稀见的珍品。其次是民族志记录资料。这部分资料主要指的是田野调查中所访谈到的各种文化现象的记录,诸如戏曲传说、民俗歌谣、信仰仪式、生产技艺等各种非物质文化遗产的口述与观察所得。再次是物质文化资料,这主要指的是诸如考古遗址、古村落、古建筑、民俗文物等物质文化遗存。以上三大类别的资料,是支撑太姥文化研究迈向深入的重要基石,也是我们塑造太姥文化高地取之不尽的宝库。

在数几年时间里,我们计划持续不断地推出八辑《太姥文化研究资料丛刊》,第一辑是太姥诗文集专辑,第二辑是太姥石刻文书专辑,第三辑是太姥族谱文献专辑,第四辑是太姥民间文书专辑,第五辑是太姥宫庙道俗专辑,第六辑是太姥族群文献专辑,第七辑是太姥史料汇释专辑,第八辑是太姥档案文献专辑。我们拟从历史学、人类学、民俗学、宗教学、考古学等相关领域角度,针对太姥文化区的文化资源进行全面系统的发掘、整理与出版,从而达到抢救濒临消失的地域文化遗产、探索整理地域文化资源有效途径等目的。

太姥文化研究资料的搜集与整理,是一项十分繁重的文化工程,其意义也是不言而喻的。它不仅能够最大限度地保存本地区的档案文献与历史记忆,留住文化乡愁,同时也必将促进太姥文化学术研究的资料积累、提高地域文化形象。正是基于这种认识高度,福鼎市政协的各位领导独具慧眼,热心支持这套文史资料丛书的编纂与出版,尤其是福鼎市政协原主席叶梅生、现任主席李绍美,副主席丁一芸,原秘书长张开潮、现任秘书长曾庆游,杨雪晶、赖百曲主任等人,在资料丛书的主题设计、编辑整理、出版过程中,都提出了宝贵的意见,付出了许多心血。地域文化的研究,需要更多像他们这样的有心人。因此,我们诚恳地盼望来自社会各界人士的大力支持。

张先清
2018 年 9 月

目　　录

第一章　太姥仙道信俗 ·· 1
　　第一节　太姥娘娘信仰 ··· 1
　　第二节　太姥神仙道士 ··· 18

第二章　福鼎乡土宫庙 ·· 28
　　第一节　福鼎民间信俗传衍 ·· 28
　　第二节　福鼎民间信仰场所 ·· 47

第三章　福鼎道教文化 ·· 148
　　第一节　福鼎道教沿革 ··· 148
　　第二节　福鼎道教道派 ··· 155
　　第三节　道教宫观分布 ··· 175
　　第四节　福鼎市道教协会 ·· 180

第四章　太姥艺文选录 ·· 203
　　第一节　诗　　词 ·· 203
　　第二节　文　　选 ·· 211

参考文献 ·· 223
后　记 ··· 227

第一章

太姥仙道信俗

福鼎市是闽东北宁德市下辖的县级市,因境内福鼎山而得名。先秦时代,今福鼎地区活跃着闽越与瓯越两支百越族人群。春秋末以来,闽越和瓯越族群与中原华夏族的联系愈来愈密切。在福鼎建县之前,历秦、汉、晋、唐、宋、元、明,福鼎先后隶属于闽中郡、侯官县、温麻县、长溪县、福宁州。清世宗雍正十二年(1734年),福宁州升为福宁府。清高宗乾隆四年(1739年),始置福鼎县,隶属于福宁府管辖,首任县令为浙江鄞县人傅维祖。1949年6月11日,福鼎解放。11月1日,福鼎县人民政府成立。改革开放以来,党和政府积极落实宗教政策,福鼎民间文化和民间信俗日益活跃,发展势头不断壮大。

第一节 太姥娘娘信仰

福鼎地处闽浙交界,东南毗邻东海,文化底蕴深厚,是闽越和瓯越文化的发源地之一,境内太姥山被百越族视为圣山。根据宋梁克家《三山志》、明黄仲昭《八闽通志》、明何乔远《闽书》、明谢肇淛《太姥山志》、清李拔《福宁府志》、清谭抡《福鼎县志》、民国卓剑舟《太姥山全志》、民国周梦虞《福鼎县志》等文献记载,早在黄帝时期,黄帝的老师容成子就在太姥山一带采药炼丹,后来前往崆峒山修道。唐尧时期,有神秘老母种蓝于山中,遇见道士点化而修炼法术,后在太姥山羽化飞升。今太姥山一片瓦建有太姥舍利塔,相传为太姥娘娘的骨冢。太姥娘娘信仰融合了各族群和人群的文化心理与信仰诉

求,成为福鼎道教历史最悠久、内涵最丰富、影响最深远的信俗传统。秦汉以后,中原文化传入,与百越文化融合,福鼎逐渐成为闽浙交界的文化重镇。

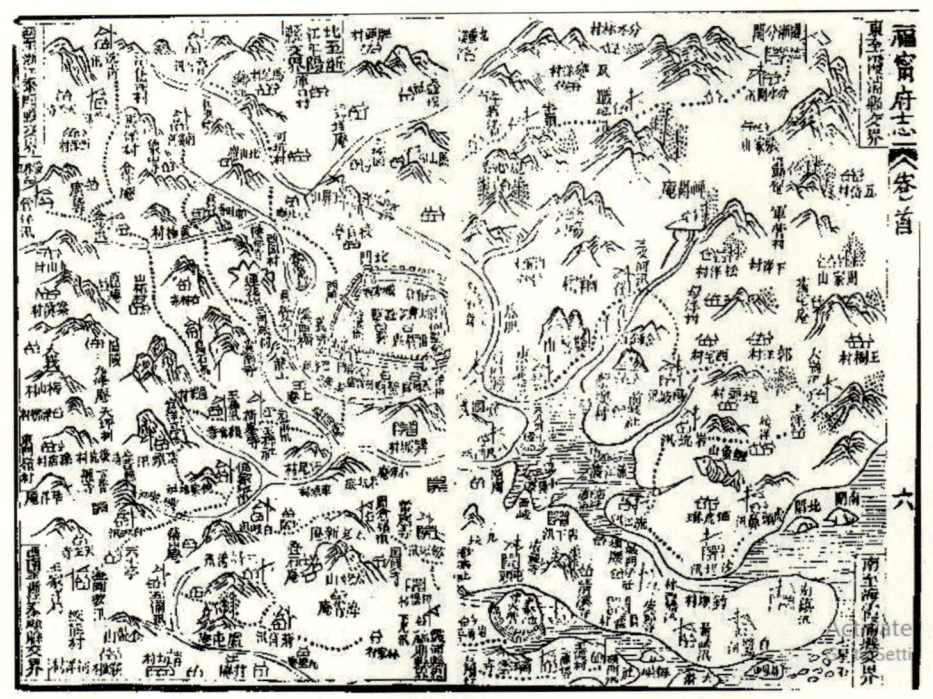

图1-1 福鼎县疆域图
图片来源:乾隆版《福宁府志》

太姥娘娘,唐尧时代历史人物,可能为越人。宋梁克家《三山志》卷三五记载太姥山时,引用王烈《蟠桃记》说道:"尧时有老母,以练蓝为业,家于路旁,往来者不吝给之。有道士尝就求浆,母饮以醪。道士奇之,乃授以九转丹砂之法。服之,七月七日,乘九色龙马而仙。"①明黄仲昭《八闽通志》、明何乔远《闽书》亦引用王烈《蟠桃记》,内容略同。万历版《福宁州志》、嘉庆版《福鼎县志》所载与《蟠桃记》全同。乾隆版《福宁府志》以"栖福鼎才山"代替

---

① 梁克家:《三山志》,福州:海风出版社,2000年,第563页。

图 1-2 太姥山九鲤朝天

摄影:张永宏

"家于路旁"①,稍有不同。由此看来,"太姥"其名不可考,只因年岁较大,称作"老母"。② 服食九转丹砂飞仙后,人们以"太姥"(太母)称之。

但是元人赵道一《历世真仙体道通鉴》所载太姥事迹,已然以神明待之,略谓:"混沌初开,有神曰圣姥,母子二人居占此山(笔者按:指武夷山)。秦时人号为圣姥,众仙立为太姥圣母。今人祝庙呼太元夫人是也。"③明黄仲昭《八闽通志》记载"大武山"时,引用《漳州图经》云:"(大武)山有大武夫人坛。记云:'大武夫人者,闽中未有生人时,其神始拓土以居民。'旧亦名大母山。"④清董天工《武夷山志》卷十八载有"皇太姥","相传为神星之精,母子二人来居武夷,采黄精以饵,能呼风檄雨,乘云而行。秦人呼为圣母,众仙称

---

① 朱珪修,李拔纂:《福宁府志》(乾隆二十七年),卷三二,《方外》,台北:成文出版社,1967年,第506页。

② 按:事实上,在民间叙事中,太姥娘娘的"老母"形象又变成了年轻的"蓝姑"。参见叶梅生、张先清主编:《太姥文化:文明进程与乡土记忆》,北京:商务印书馆,2016年,第701页。

③ 赵道一:《历世真仙体道通鉴》,卷四,张宇初等主编:《道藏》,第5册,北京—上海—天津:文物出版社、上海书店、天津古籍出版社,1987年,第128页。

④ 黄仲昭:《八闽通志》,上册,福州:福建人民出版社,2006年,第206~207页。

图 1-3　第六届太姥娘娘秋祭庆典上的净明派巫舞（2017 年）

摄影：费汉曹

为皇太姥,今称太元夫人"。① 此外,福建的崇安、浦城、金门,浙江缙云、新昌、仙居、嵊州等地,多有太姥山。②

《后汉书·王烈传》记载王烈是太原人,"少师事陈寔,以义行称"。官府察孝廉,不就。后来躲避黄巾、董卓之乱,前来辽东,"夷人尊奉之",汉献帝建安二十四年(219 年)"终于辽东,年七十八岁"。③ 唐王松年《仙苑编珠》卷下"涉正眼光·王烈石髓"称"(邯郸人王烈)常服黄精,并炼铅。年二百三十八岁,有少容,登山如飞",年轻时与嵇康交游。④ 元赵道一《历世真仙体道通鉴》卷三十一也载有王烈事迹,他与嵇康交往密切,两人曾共同修炼神仙之术。⑤ 观其事迹可知,尽管《后汉书》所载太原王烈与《仙苑编珠》《历世真仙体道通鉴》所载邯郸王烈年代相近,但可能不是同一人。《蟠桃记》的作者很有可能是邯郸人王烈。

---

① 董天工:《武夷山志》(乾隆十六年本),台北:成文出版社,1974 年,第 1142 页。
② 叶梅生、张先清主编:《太姥文化:文明进程与乡土记忆》,北京:商务印书馆,2016 年,第 576 页。
③ 范晔:《后汉书》,北京:中华书局,1965 年,第 2696~2697 页。
④ 王松年:《仙苑编珠》,卷下,张宇初等主编:《道藏》,第 11 册,北京—上海—天津:文物出版社、上海书店、天津古籍出版社,1987 年,第 37 页。
⑤ 赵道一:《历世真仙体道通鉴》,卷三一,张宇初等主编:《道藏》,第 5 册,北京—上海—天津:文物出版社、上海书店、天津古籍出版社,1987 年,第 277~278 页。

叶梅生先生、张先清教授主编的《太姥文化：文明进程与乡土记忆》①一书从宗族文化和族群互动角度分析了太姥文化的认同纽带与多元整合，从儒学教育和文学艺术角度考察了太姥文化的精神积淀与价值理念，从民风习俗和宗教信仰角度探究了太姥文化的特色传承与神圣内涵，从民居建筑与石刻文书角度讨论了太姥文化的凝固符号与历史记忆，事无巨细，面面俱到，代表了当前学术界在记录、研究和反思太姥文化方面的最新成就。在此基础上，笔者着重从"叙事学"角度谈一谈太姥娘娘信仰的形成与发展，并略论其道教内涵。

宋梁克家《三山志》卷三十五记载太姥山时，引用王烈《蟠桃记》说道："尧时有老母，以练蓝为业，家于路旁，往来者不吝给之。有道士尝就求浆，母饮以醪。道士奇之，乃授以九转丹砂之法。服之，七月七日，乘九色龙马而仙。因相传呼为大母。汉武帝命东方朔授天下名山文，乃改母为姥。"②大约生活于曹魏时期的王烈之《蟠桃记》是目前所知最早记录太姥事迹的文献。卢美松先生综合各种民间传说和史料文献，考证福建种植蓝靛的历史，认为太姥娘娘是一位生活于上古唐尧时代的老妪。太姥的活动又反过来证明早在4000多年以前的新石器时代晚期，福鼎太姥山区就开始种植蓼蓝了。③

然而，从原型学的角度而言，"太姥"可能不是一个人，而是一类人的统称。明何乔远《闽书》说道："闽越负海名山，多名太姥者。"④明黄仲昭《八闽通志》记载"大武山"时，引用《漳州图经》云："（大武）山有大武夫人坛。记云：'大武夫人者，闽中未有生人时，其神始拓土以居民。'旧亦名大母山。"清董天工《武夷山志》卷一八载有"皇太姥"，"相传为神星之精，母子二人来居武夷，采黄精以饵，能呼风檄雨，乘云而行。秦人呼为圣母，众仙称为皇太姥，今称太元夫人"。福建崇安、浦城、金门，浙江缙云、新昌、仙居、嵊州多有太姥山、太武山或太母山，太姥传说流行于闽浙多地，故而陈支平先生主编的《福建宗教史》推测"太姥可能是闽浙越人的始祖"⑤，郑伟斌先生也认为"太姥夫人（或太武夫人）的身份，应该是福建历史上曾经存在过的以种蓝为

---

① 叶梅生、张先清主编：《太姥文化：文明进程与乡土记忆》，北京：商务印书馆，2016年。
② 梁克家：《三山志》，福州：海风出版社，2000年，第563页。
③ 卢美松：《闽中稽古》，厦门：厦门大学出版社，2002年，第177页。
④ 何乔远：《闽书》，卷二八，明崇祯刻本。
⑤ 陈支平主编：《福建宗教史》，福州：福建教育出版社，1996年，第6页。

业的母系氏族群体的始祖母"。① 朱大可先生从更为广阔的视角出发,认为"武""巫""母""姆""姥""禖""芈""蛮",乃至于印度的"穆尼"(Muni)、伊斯兰教的"穆拉"(Mullah)、欧洲的"灵媒"(Medium)、"魔法"(Magic)、"僧侣"(Monk)、基督教的"弥撒"(Missa)、犹太教的"弥赛亚"(Me-ssiah)、波斯的"摩尼"(Mani),甚至于中国水族的"萨"、侗族的"萨姆"、通古斯的"萨满"、印度的"沙门"(Sramana)、伊朗的"萨玛"(Sama)等等,都与带有某种神秘力量的女性始祖——大祖母有关。② 这种大祖母叙事,事实上暗示了人类共同女性祖先的存在。

尽管这种原型学分析具有一定的说服力,但是从民众的认识过程和接受心理而言,更愿意将"太姥"视作一位具体的活生生的人。这位具体的活生生的太姥在才山(太姥山)种植蓼蓝,过着平静的生活。然而,由于太姥的慈悲心肠,"家于路旁,往来者不吝给之",感动了一位道士,"乃授以九转丹砂之法",从而得以飞升成仙。这是一种典型的"由人而仙"的道教叙事。

图1-4 太姥舍利塔与太姥圣殿
摄影:张永宏

---

① 叶梅生、张先清主编:《太姥文化:文明进程与乡土记忆》,北京:商务印书馆,2016年,第577页。
② 朱大可:《华夏上古神系》,北京:东方出版社,2014年,第129～138页。

元人赵道一《历世真仙体道通鉴》卷四所载太姥事迹,采用了另一种道教叙事——"神人叙事":"混沌初开,有神曰圣姥,母子二人居占此山(笔者按:指武夷山)。秦时人号为圣姥,众仙立为太姥圣母。今人祝庙呼太元夫人是也。"这就是说,太姥娘娘生来就是神人,无须经过由人而仙的过程。清董天工《武夷山志》认为太姥是"神星之精",天生就是星神。与此同时,赵道一的记载,将太姥的生活年代远推至"混沌初开",《漳州图经》将"大武夫人"推至未有生人之时,又与前述"始祖母"或"大祖母"的"原型学叙事"具有一定的相关性。

到了王朝时代,关于太姥娘娘的记载,又多了一种"王朝叙事"。民国卓剑舟《太姥山全志》记载:"太姥墓碑镌曰'尧封太姥舍利宝塔'。明林祖恕记云'唐元宗赐祭题额',疑即此。"① 这里的"唐元宗"即是开创"开元盛世"的唐明皇唐玄宗。清顾祖禹《读史方舆纪要》卷九五说道:"唐开元中,特图其形(笔者按:指将太姥山形势制作为图),敕有司春秋致祭。"无论是"尧封",还是"唐敕",都带有一种"王朝"痕迹,表明政府对社会、历史、文化和信仰的介入。

此外,还有多种"民间叙事",演绎太姥的神奇故事。其中,比较典型的一则"民间叙事"将太姥传奇与福鼎白茶联系起来:

> 相传,尧帝时有一村姑,居才山种蓝,乐施好善,人们亲切地称她为"蓝姑"。某年,山下麻疹肆虐,流行于孩童之间,几经治疗无效,孩子们承受着病痛的折磨,一片惨痛之象。蓝姑受仙翁梦示,不辞辛劳在峰峦间寻得大白茶,将其采摘晒干,熬成汤药。患儿服用,果然药到病除。人们对蓝姑感恩戴德,尊之为"太姥娘娘",此山由此被称为"太姥山"。②

这种"民间叙事"仍然将太姥的事迹放在帝尧时代,但是将王烈《蟠桃记》中的"道士"换作"仙翁",将道士传授太姥"九转丹砂之法",换作"蓝姑受仙翁梦示",从而将福鼎当地特产大白茶嵌入太姥传奇中,糅合了诸种叙事元素,表达了乡土情怀,属于典型的"民间叙事"。此外,与"王朝本位"高高

---

① 卓剑舟:《太姥山全志》,"金石",福鼎市地方志编纂委员会编:《福鼎旧志集》,福州:福建人民出版社,2013年,第459页。

② 叶梅生、张先清主编:《太姥文化:文明进程与乡土记忆》,北京:商务印书馆,2016年,第701页。

在上的"敕封太姥"不同,基于"民间本位"的"民间叙事""尊仰太姥娘娘",具有更为谦卑的文化特质。当然,也有一种"民间叙事"在某种程度上吸收了"王朝叙事"的要素,将太姥娘娘认作帝尧的母亲,①但是这里的帝尧并未显示其高高在上的"王朝权力",而是以一种温情脉脉的母子游玩来传达人间的大爱,这种大爱不仅是"民间叙事"的主题,其实也是上自帝王将相、下至贩夫走卒都追求的一种精神平衡与和谐。

生活于闽东的畲族群众将太姥娘娘认作生活于太姥山下才堡村的一名畲族农家女子。为了躲避战乱,这位名叫"蓝姑"的畲家女栖居于山中,以种蓝为业。"有一年,太姥山周围的村落流行麻疹,病魔夺去了许多年幼孩童的生命,这深深刺痛了蓝姑善良的心。"受南极仙翁指点,蓝姑来到鸿雪洞顶,找到一株与众不同的小茶树。"她遵照仙翁的吩咐,将茶树上的芽叶采摘下来制成茶叶,并送到每个村庄,告诉村民们煮茶汤给患病的孩童服用。茶到病除,麻疹病魔终于消失无踪,蓝姑因而受到当地民众的尊敬。"②

一般认为,畲族与汉晋时代的"南蛮"有着比较密切的关系。③ 畲族的《高皇歌》可能源自于《后汉书·南蛮传》。范晔《后汉书》载,高辛氏有犬戎之寇,于是昭告天下,"有能得犬戎之将吴将军头者,购黄金千镒,邑万家,又妻以少女"。高辛氏所养的爱犬名曰"盘瓠","衔人头造阙下"。高辛氏不得不将女儿嫁给盘瓠。盘瓠带着妻子"走入南山,止石室中。所处险绝,人迹不至",其后代"号为蛮夷……今长沙武陵蛮是也"。④ 盘瓠成为畲族的先祖。15—16世纪,畲族过着"种树还山,种菁为活"的农耕生活,普遍种植蓝靛,其服饰也多以黑、蓝为主调。⑤ "宁德地区畲族蓝姓主要迁自浙江省的泰顺、苍南、平阳县,福建省内的闽侯(侯官)、连江、罗源和上杭县,共有25支"。⑥ 清咸丰年间所修《点头蓝氏宗谱》载,"廿七(世)茂上名荣才,字福

---

① 《太姥娘娘的传说》,林守无主编:《福鼎县志》,福州:海风出版社,2003年,第718页。
② 叶梅生、张先清主编:《太姥文化:文明进程与乡土记忆》,北京:商务印书馆,2016年,第574页。
③ 施联朱等:《畲族简史》,福州:福建人民出版社,1980年,第14页。
④ 范晔:《后汉书》,北京:中华书局,1965年,第2829页。
⑤ 叶梅生、张先清主编:《太姥文化:文明进程与乡土记忆》,北京:商务印书馆,2016年,第704页。
⑥ 蓝运全、缪品枚主编:《闽东畲族志》,北京:民族出版社,1999年,第31页。

林,于雍正三年(1725年)由上杭芦丰乡到浙江平阳县铺坪乡屿星种蓝为业"。① 又,根据《史记·五帝本纪》的记载,高辛氏即为帝喾,"帝喾取(娶)陈锋氏女,生放勋",放勋即是尧帝②,而太姥娘娘又活动于帝尧时期。畲族版本的太姥叙事将"盘瓠""唐尧""太姥""靛蓝""蓝姓""南极仙翁""白茶"等意象融为一体,将畲族的文化印迹、道教叙事和白茶叙事融合起来,可以称作"畲族叙事"。

事实上,上述原型学叙事、"由人而仙"的道教叙事、"神人叙事"、"王朝叙事"、"民间叙事"和"畲族叙事",尽管其角度不同,立场有别,属意迥异,但是均推动了太姥娘娘信仰的形成和发展。

在太姥娘娘信仰形成和发展的过程中,"道教"扮演了重要的角色——事实上,反过来也可以说,太姥娘娘信仰本身也在某种程度上形塑了道教。王烈《蟠桃记》所载太姥事迹,在太姥娘娘"由人而仙"的转化过程中,无名道士的作用不容忽视。"有道士尝就求浆,母饮以醪",这是转化的缘起(背景);"道士奇之,乃授以九转丹砂之法",这是转化的发展;"服之,七月七日,乘九色龙马而仙",这是转化的完成。正是这位无名道士,促成了太姥由一名普通的女子而飞升登仙,成为后人信仰膜拜的神圣对象。

在太姥传奇与福鼎白茶的"民间叙事"/"畲族叙事"中,身当麻疹横行、孩童患病的危难时刻,种蓝的蓝姑其实是没有任何办法的。这时,一位法力无边的"仙翁"/"南极仙翁"通过梦示的方式,指引蓝姑前去采茶,才得以解决孩子们的苦痛,消除麻疹之疫。在这则故事中,蓝姑并没有成仙,但是因为解除了病患,"人们对蓝姑感恩戴德",尊称她为"太姥娘娘",以神视之,从而使得普通的"蓝姑"转化为受人敬仰的"太姥娘娘"。在这个"转化"过程中,道教阵营的"仙翁"发挥了重要的作用。事实上,这则故事也暗含了另外一种"转化":福鼎白茶原本为仙家灵草,由于仙翁和蓝姑的交互作用,而转化为造福于民间的较为普通的草本药物。这种草本药物在今天仍然发挥作用,却是以"经济作物"的名义进入官方统计和史志文献的,这同时也意味着太姥娘娘信仰的"白茶叙事"。

太姥娘娘信仰的"白茶叙事",除了太姥娘娘以白茶诊疗孩童麻疹瘟疫之外,还在"经济作物"方面有所表现。卓剑舟《说剑斋丛话》记载了陈焕祈

---

① 《点头蓝氏宗谱》,清咸丰三年(1853年)修。
② 司马迁:《史记》,北京:中华书局,1959年,第14页。

梦植白茶的故事：

　　陈焕，湖林头村人，光绪间孝子，家贫。一日，诣太姥祈梦，姥示种绿雪芽可自给。焕因将山中茶树移植，初年仅采四五斤，以茶品奇，价与金垺，焕家卒小康。自是，种者日多。至民国元年，全县产量达十万斤矣。

　　由此可见，太姥娘娘赐予茶人绿雪芽，保佑其家道富足，从而也将太姥娘娘信仰与白茶文化整合起来。福鼎白茶主要分布于太姥山周围的点头、磻溪、白琳、叠石、贯岭、前岐、佳阳、管阳、店下、秦屿和硖门等17个乡镇，各个乡镇的企业、民间的手

图1-5　绿雪芽，当代书法大师启功先生题写
摄影：张永宏

工作坊，都留存有制造白茶的独特技术。2008年，白茶制作技艺被列入首批福鼎市非物质文化遗产名录，2009年被列入第三批福建省非物质文化遗产名录，2011年被列入第三批国家级非物质文化遗产名录。① 在太姥山上大书法家启功先生所写"绿雪芽"题刻的下方，有一通当代人所立的碑记，认为绿雪芽为茶中极品，将太姥娘娘追认为大白茶始祖。② 这种"白茶叙事"更多反映了当代人的文化理解和信仰追求，是太姥娘娘信仰在当代社会的新发展。

　　一般认为，"神"与"仙"有别：凡人经过各种修炼而得道叫作"仙"，如吕洞宾经过黄粱梦而悟道，然后追随钟离权入终南山修道，最后通过钟吕丹法

---

　　① 叶梅生、张先清主编：《太姥文化：文明进程与乡土记忆》，北京：商务印书馆，2016年，第653页。
　　② 叶梅生、张先清主编：《太姥文化：文明进程与乡土记忆》，北京：商务印书馆，2016年，第863页。

之修炼而得道。太姥也是通过服食道士所授九转丹砂而得道成仙。

"神"则可以表述为道的本质体现,又有"先天神"与"后天神"之分:"先天神"是道的当下的本质体现,自本自根,无始无终,比较典型的是三清天尊。赵道一《历世真仙体道通鉴》所载太姥事迹,径称"混沌初开,有神曰圣姥",表明太姥是一位先天神。而"后天神"则是道的确认的本质体现,所谓"确认"就是说,"后天神"需要经过某种权威的确认。这种权威或者是官方(政府),代表的是大传统,或者是民间(风俗),代表的是小传统。在道教史上,许多"后天神"的确认,其实都是大小传统相互作用的结果,比较典型的是妈祖。妈祖来自于民间,很长时间内属于小传统所确认的"后天神"。但是后来得到政府的重视,将其列入官方祀典,从而成为大传统所确认的"后天神"。大传统确认妈祖之后,无疑又强化了小传统对于妈祖的确认。事实上,民间社会对于太姥娘娘的"尊之"与官方叙事性质的"尧封""唐敕"之间,也具有一种相互作用。在这种相互作用中,太姥娘娘信仰得以确认和不断强化。

由于种种复杂的历史原因和文化原因,太姥山逐渐成为佛国净土,道教文化自唐朝司马承祯之后几乎绝迹。① 颇为吊诡的是,道教色彩的太姥娘娘信仰有时却以佛教的方式得以表述,这可从一片瓦禅寺住持释题静于甲午年(2014年)秋所立题为《太姥娘圣迹》的碑文中看出端倪:

> 太姥者,古越人之始母也。早年苦行于才山一片瓦石室,种蓝为业,沤蓝染布,人称"蓝姑"。同时,授民种茶,致富一方,制茶治病,造福众庶。现代专家认为其为华人之祖,人类茶叶之母。晚年修成正果,于农历七月七日功德圆满,位尊闽地第一女神。尧帝感其乐善慈悲,钦封"天母",汉武帝改"母"做"姥"。民间奉为"圣母",广传"下海求妈祖,上山求太姥"。佛家列为护法,视若救苦救难之菩萨。唐玄宗敕建圣塔,安置其舍利。上世纪末,建圣殿以供其法身。才山因之易名"太姥山",成为十方信众朝圣、祈福之地。

"禅寺""正果""护法""菩萨""舍利"等,均为佛教术语,然则《太姥娘圣迹》所述之事,却并不掩盖太姥娘娘道教神仙的身份,表明了当代佛教在对待太姥娘娘信仰方面的公允态度和宽大胸怀。与此同时,通过《太姥娘圣

---

① 叶梅生、张先清主编:《太姥文化:文明进程与乡土记忆》,北京:商务印书馆,2016年,第867页。

迹》，佛教也阐述了自己对于太姥娘娘的理解："佛家列为护法，视若救苦救难之菩萨。"将太姥娘娘尊为佛教神祇。这可以称之为"佛教叙事"。与此同时，这则碑文最大的创获是：凭借后来者居上的优势，将此前关于太姥娘娘的各种"叙事"糅合在一起，在某种意义上完成了前述原型学叙事、"由人而仙"的道教叙事、"神人叙事"、"王朝叙事"、"民间叙事"、"畲族叙事"、"白茶叙事"和"佛教叙事"的统合。因为太姥娘娘信仰本身所具有道教印记，"佛教叙事"不得不在某种程度上接受道教印记的文化影响。当代佛教所立白云寺碑称，"寺后合掌岩为白云禅师炼丹处，故名白云寺"①，可以想见，白云禅师的炼丹活动与容成子炼丹太姥山、太姥娘娘服食丹砂、司马承祯炼丹太姥山等道教活动不无关系。目前所知，位于太姥娘娘塔石室后方的太姥圣殿、国兴寺、一片瓦寺（悬空铜殿）、一片瓦石室、岩洞庵、摩尼宫、白云寺（摩霄庵）、香山寺等佛教场所均奉祀有太姥娘娘圣像。② 摩尼宫有一座石制宫庙，别称"梦台"，奉祀太姥娘娘。据说求嗣信士前来烧香叩拜，当晚太姥娘娘便会在梦中晓示其弄璋或弄瓦之喜，十分灵验。③ 由此亦可见太姥娘娘信仰的文化整合能量。

  长期以来，尽管道教文化在太姥山一带几乎销声匿迹，然则在福鼎境内，道教仍然以顽强的方式延续传承。在福鼎境内，道教文化的存在，一是体现为城隍庙、天后宫、临水宫、九使庙、大帝宫等道教色彩宫庙的信众基础好，香火旺盛，祭祀不辍；二是体现为正一派法师的法脉传承，斋醮科仪法事活动经久不息，绵绵若存；三是体现为民俗生活中包含的道教因素，如元宵节"放花"（焰火）、冥斋节祭祀马仙娘娘、清明节祭祖、端午节龙舟竞渡、中元普度以及祈子、择日、算命、送瘟神、乞愿等。④ 毫无疑问，宫庙、法师、民俗节庆活动承载了道教文化，是福鼎道教延续与发展的重要社会基石。

  直到此时，福鼎道教才"猛然"想起太姥娘娘，想起太姥娘娘信仰所具有

---

  ① 叶梅生、张先清主编：《太姥文化：文明进程与乡土记忆》，北京：商务印书馆，2016年，第864页。
  ② 叶梅生、张先清主编：《太姥文化：文明进程与乡土记忆》，北京：商务印书馆，2016年，第581页。
  ③ 叶梅生、张先清主编：《太姥文化：文明进程与乡土记忆》，北京：商务印书馆，2016年，第582页。
  ④ 叶梅生、张先清主编：《太姥文化：文明进程与乡土记忆》，北京：商务印书馆，2016年，第526~561页。

图 1-6　太姥山摩霄庵(白云寺),其上有"梦台"

的道教属性。2012 年 8 月 23 日(农历七月初七日)是太姥娘娘升仙成道之日,福鼎市道教协会与福建天湖茶业有限公司合办"首届白茶文化节暨太姥娘娘祭典",以太姥山论道、白茶养生论坛、太姥娘娘祭典巡境等形式,表达了福鼎道教徒对于太姥娘娘的无上敬仰尊崇暨传承弘扬太姥信仰及其文化的无比热忱。福鼎市道教协会提供的文字,描述了太姥娘娘祭典巡境的盛况:

> (祭典巡境)活动从 8 月 19 日至 8 月 23 日止,福鼎市清净道观花团锦簇,鼓乐喧天,一条条来自省、地与周边县市道教协会和本市相关部门,爱心企业的红色祝贺条幅,彩球随风飘曳。当日上午,络绎不绝的如织人流汇成一道道如过节般的喜庆氛围。祭典仪式完毕后,接着举行太姥娘娘巡境活动,巡境队伍从市区流美清净道观出发,途经海口路、太姥大道,再从天湖大道返回,整个游行队伍由 20 多个方阵组成,有来自秦屿、点头、龙安、沙埕、前岐、店下、管阳等乡镇的鼓乐队、龙灯队、腰鼓队等等。巡境队伍庞大,队伍依次是电子礼炮、鸣锣开道、肃静禁牌、神号旗帜、彩旗、刀枪剑戟十八般武器,两幅"尧封太姥"、"茶之神"巨幅书法,也特别显眼。香亭、太姥娘娘銮驾以及 100 多尊的小型太姥娘娘塑像集体亮相,在街上以腰鼓舞蹈式进行表演,牛郎织女大彩

图1-7 第一届太姥娘娘祭典（巡境）（2012年）
图片来源：福鼎市道教协会

车，非常吸引观众。萨克斯、徽鼓、唢呐、芦笙八音十锦，锣鼓齐鸣、旋律优美动人，祭典活动中，最热闹的是"祭典"和"出巡"，祭典在清净道观斗姥阁殿前广场进行，包括"迎神""盥洗""上香""读祭文""行三献礼"等。其场面庄严肃穆、古朴典雅，吸收道教宫廷典礼仪式的精华，出巡的队伍穿着古装和道教服装，大家簇拥着銮驾上的太姥神像，长管号、大铜锣、大龙旗、太姥帅旗在前面开道，宫灯、掌扇、大灯、凉伞、乐队、各种彩旗组成数里长的队伍浩浩荡荡巡游一周，沿途善男信女手持香烛跪拜迎候，朝拜太姥娘娘，祈求太姥娘娘保佑风调雨顺，国泰民安，无灾无难，五谷丰登。

当天下午，福鼎市道教协会、天湖茶业有限公司、专家学者及台湾道教友人一行前往太姥山举办"朝圣谒祖寻仙踏迹活动"。在一片瓦景区举行太姥娘娘祭拜仪式，众人列成方阵，手持法旗行祭拜礼，还进行祈福仪式。仪式结束后，众人前往太姥神像广场瞻仰太姥娘娘神像。

福鼎道教界组织的这次太姥娘娘祭典活动，在某种意义上表征了太姥娘娘信仰的道教"回归"，这种"回归"事实上也表征了"太姥山暨太姥娘娘神

图 1-8　太姥娘娘塑像
摄影：费汉曹

圣性的再次回忆与强调"。① 兰婕女士认为，"虽然 2012 年首届太姥娘娘祭典并无直接的先例可循，但仪式的形式、程序皆是借用了道教仪轨、宗族祭祀和其他民间信仰中的仪式内容"，由此确立了太姥娘娘祭典的仪式流程，为此后每年一次的祭典活动开了先河。通过每年一次的太姥娘娘祭典，"社

---

① 叶梅生、张先清主编：《太姥文化：文明进程与乡土记忆》，北京：商务印书馆，2016年，第 969 页。

会记忆便通过仪式的不断操演来传达和维持",太姥娘娘信仰及其神圣性,也就"意味着对过去的延续"①,亦即延续了道教性质的太姥娘娘信仰。

图 1-9　太姥娘娘圣像

摄影:张永宏

图 1-10　第三届太姥娘娘祭典(秋祭)(2014 年)

图片来源:福鼎市道教协会

---

① 叶梅生、张先清主编:《太姥文化:文明进程与乡土记忆》,北京:商务印书馆,2016年,第 969 页。

图 1-11　第六届太姥娘娘秋祭庆典(2017 年)
摄影：费汉曹

　　此后，从 2013 年至 2017 年，每年农历七月初七日太姥娘娘得道飞升之日，福鼎道教协会陆续在太姥山太姥娘娘雕像广场举办了第二、三、四、五、六届太姥娘娘祭典活动，每届活动都会选择一所道教宫观或民间信仰场所作为主办地，更多宫观和场所参与其中，在隆重的巡境游街活动之后，千余名道众、信众集体前往太姥山祭奠太姥娘娘。随着福鼎白茶产业的兴盛，道教与白茶企业相辅相成，赋予了太姥娘娘白茶始祖的新内涵。从 2017 年开始，新增"福鼎白茶始祖太姥娘娘春祭庆典"，而将七月初七日举行的活动称之曰"秋祭庆典"。

　　福鼎道教协会自 2012 年以来组织的历年太姥娘娘祭典，事实上形成了一种新的"道教叙事"。这种叙事整合了历史上的各种叙事模式，统合了有关太姥娘娘信仰的各种文化要素，表征了太姥娘娘信仰在当代社会的一种新发展。据不完全统计，目前福鼎全市供奉太姥娘娘神像的宫观达 200 多个，信众达十余万人。① 由此亦颇可见太姥信仰在道教界的号召力暨社会影响力。

---

　　① 叶梅生、张先清主编：《太姥文化：文明进程与乡土记忆》，北京：商务印书馆，2016 年，第 582 页。

第二节　太姥神仙道士

容成公

道教传说人物。生活于轩辕黄帝时代,擅长房中养生之术,呼吸导引,年二百余岁,面有少容。刘向《列仙传》记载,容成公"善补导之术,取精于玄牝。其要谷神不死、守生养气者也"。① 赵道一《历世真仙体道通鉴》认同《列仙传》的记载,不赞同容成公擅长房中御女之术的说法。② 《汉书·艺文志》著录《容成子》十四篇,归于阴阳家,另有《容成阴道》二十六卷,列入房中家。③ 一般认为,《容成阴道》《容成子》为后人伪托之作,然则受到容成公活动及其思想的影响。

宋梁克家《三山志》卷三五记载太姥山时,引用《力牧录》说道:"容成先生尝栖之。"④ 明黄仲昭《八闽通志》、明何乔远《闽书》亦引《力牧录》,内容全同于《三山志》,又新增"今中峰下有鼎、石臼尚存"数字作为说明。⑤ 万历版《福宁州志》记载:"(容成先生)尝栖太姥山炼药,后居崆峒,轩辕黄帝师之。今中峰下有石井、石鼎、石臼犹存。"⑥ 乾隆版《福宁府志》、嘉庆版《福鼎县志》所记与万历版《福宁州志》相同。这就是说,容成公曾经在太姥山采药炼丹,后来隐居于崆峒山,黄帝曾往求教养生治国的方法。民国卓剑舟《太姥山全志》记载:"容成先生尝栖太姥山滴水洞修炼,苦乏泉。忽一夕,裂成丹井,有虎为之守洞,有猿为之候火。及丹成,猿、虎各食其余。虎变为黑,猿

---

① 刘向:《列仙传》,卷上,张宇初等主编:《道藏》,第5册,北京—上海—天津:文物出版社、上海书店、天津古籍出版社,1987年,第65页。
② 赵道一:《历世真仙体道通鉴》,卷三,张宇初等主编:《道藏》,第5册,北京—上海—天津:文物出版社、上海书店、天津古籍出版社,1987年,第116页。
③ 班固:《汉书》,北京:中华书局,1962年,第1733、1778页。
④ 梁克家:《三山志》,福州:海风出版社,2000年,第563页。
⑤ 黄仲昭:《八闽通志》,福州:福建人民出版社,2006年,第315页。
⑥ 殷之辂修,朱梅等纂:《福宁州志》(万历二十一年),卷一五,《仙梵》,北京:书目文献出版社,1990年,第400页。

变为白,至今,人多见之。"①这是目前所知最早活动于福鼎县域的道教人物。

力牧是传说中黄帝时期的能臣大将,《汉书·艺文志》载《力牧》十五篇,列入兵家类②,当为后人依据力牧事迹和思想所伪托之作。推测《三山志》《八闽通志》所引《力牧录》可能为《力牧》佚篇。又,一般认为广成子隐居于崆峒山,黄帝往师之。万历版《福宁州志》、乾隆版《福宁府志》、嘉庆版《福鼎县志》所载"(容成先生)后居崆峒轩辕黄帝师之",很可能混淆了容成公与广成子的身份。然则古事渺茫,文献阙佚,难以征考。或许容成公与广成子为同一人,亦有可能。要之,容成公曾经活动于福鼎县境,在太姥山采药炼丹,古有其说,当述以存照。

东方朔

汉代文学家,道家人物,字曼倩,平原厌次(今山东德州)人。汉武帝征辟天下英贤,东方朔自荐进宫。东方朔性格诙谐,心细胆大,能够把握时机,通过巧妙而娱乐的方式给汉武帝以正确建议,逐渐得到刘彻的喜爱。《汉书·东方朔传》称:"朔虽诙笑,然时观察颜色,直言切谏,上常用之。"③尽管如此,终其一生,东方朔并未得到汉武帝的重用。《云笈七签》所收《洞仙传》记载东方朔拜师于太上真官谷希子,"受阆风、钟山、蓬莱及神州真形图"。④此外,道门认为《五岳真形图》《十洲记》等道书为东方朔所撰。

元人赵道一《历世真仙体道通鉴》卷三记载,汉武帝为了笼络越王,曾派遣东方朔以探宝为名,出使两越("帝与越王为亲,乃使朔泛海求宝")。⑤宋梁克家《三山志》记载太姥山原名才山,因为尧时老母的事迹,"因相传呼为'太母山'"。后来,"汉武帝命东方朔授天下名山文,乃改'母'为'姥'"。⑥明黄仲昭《八闽通志》、明何乔远《闽书》所载同。

---

① 卓剑舟:《太姥山全志》,"名胜",福鼎市地方志编纂委员会编:《福鼎旧志集》,福州:福建人民出版社,2013年,第430页。
② 班固:《汉书》,北京:中华书局,1962年,第1759页。
③ 班固:《汉书》,北京:中华书局,1962年,第2860页。
④ 张君房编:《云笈七签》,卷一一〇,张宇初等主编:《道藏》,第22册,北京—上海—天津:文物出版社、上海书店、天津古籍出版社,1987年,第749页。
⑤ 赵道一:《历世真仙体道通鉴》,卷三,张宇初等主编:《道藏》,第5册,北京—上海—天津:文物出版社、上海书店、天津古籍出版社,1987年,第120页。
⑥ 梁克家:《三山志》,福州:海风出版社,2000年,第564页。

福鼎民间传闻东方朔曾经来过太姥山,在摩霄庵右边慧明塔后的石壁上所刻"天下第一山"五个大字,相传即为东方朔所写。

司马承祯

唐朝茅山派著名高道。字子微,号白云子,河内温(今河南温县)人。早期在嵩山追随高道潘师正学习辟谷导引之术,后来游历天下名山。武则天诏请至长安,与陈子昂、卢藏用、宋之问、王适、毕构、李白、孟浩然、王维、贺知章结为"仙踪十友"。后归天台山。唐玄宗诏于王屋山,特置阳台观以处之。后奉诏祭拜五岳名山。一日羽化如蝉蜕,时年八十九寿。有《太上升玄消灾护命妙经颂》《修真秘旨》《修真精义杂论》《天地宫府图》《上清含象剑鉴图》《坐忘论》《天隐子》《登真系》等论著行世。①

宋梁克家《三山志》记载,"武后时,司马炼师于此(指霍童山)修炼,后驾鹤升天"。② 明黄仲昭《八闽通志》、万历版《福宁州志》、乾隆版《福宁府志》记载与《三山志》略同,且明确指出"司马炼师"为唐代高道司马承祯。民国版《福建通志》则将司马承祯炼丹于霍童山鹤林宫的时间定为唐太宗贞观六年(632年)。③ 明何乔远《闽书》记载司马承祯隐修霍童山时,"李白时访之",而司马承祯则于"十月十四日乘青骡飞升此山之上"。④

霍童山距离太姥山不甚远,推测司马承祯曾游历太姥山。民国卓剑舟《太姥山全志》记载,司马承祯"遍游名山,尝栖真太姥山中炼药。今山中丹井犹存"。⑤《太姥山全志》又转引长乐谢章铤《赌棋山庄集》"太姥有司马承祯丹井,有'承祯炼丹处,风雨况悲号'之句"内容,确证司马承祯确曾在太姥山有过活动。⑥

---

① 刘大彬:《茅山志》,卷一〇,收录于张宇初等主编:《道藏》,第5册,北京—上海—天津:文物出版社、上海书店、天津古籍出版社,1987年,第601~602页;参见闵智亭、李养正主编:《道教大辞典》,北京:华夏出版社,1994年,第430页。
② 梁克家:《三山志》,福州:海风出版社,2000年,第626页。
③ 沈瑜庆、陈衍等纂:《福建通志》,卷五三下,民国二十七年(1938年)。
④ 何乔远:《闽书》,卷三一,《方域志》,明崇祯刻本。
⑤ 卓剑舟:《太姥山全志》,"仙梵",福鼎市地方志编纂委员会编:《福鼎旧志集》,福州:福建人民出版社,2013年,第461页。
⑥ 按:谢章铤《赌棋山庄集》"诗三"曰:"当日崔州守,登坛意自豪。文章宁可恃,池馆亦徒劳。所就虽如此,吾生惜不遭。承祯炼丹处,风雨况悲号。"诗后缀有双排小字曰:"崔西叟家灵溪,建亭三十六,元宵张其诗于壁,每夕易之。太姥有司马承祯丹井。"

马真人

唐晚期长溪县温麻里人氏。宋梁克家《三山志》记录长溪县所属僧寺有"马冠院"①，应当是奉祀马真人的庙宇。明黄仲昭《八闽通志》载有马冠山，注曰："女仙马氏炼丹于此，井臼并存。"②明何乔远《闽书》载："马冠山，地名崑田，马仙炼丹于此，去后留冠，井臼犹存。"③由此可见"马冠山"之得名在于马仙仙去后，留下道冠于此山。推测马仙的道冠奉祀于马冠院中。万历版《福宁州志》载："马真人，温麻里人马氏女也，乾符中入崑田山，炼丹仙去，庙冠在山，今丹井、臼尚存。"④乾隆版《福宁府志》、嘉庆版《福鼎县志》同此记载。道光版《福建通志》与前志略同，而更明确地说"有庙观在焉"。⑤ 综上可知，温麻里马氏女在唐僖宗乾符年间（874—879）炼丹于崑田后山，丹成仙去，留下道冠，后人为之建庙，并称其山为"马冠山"。

陈 蓬

籍贯不详，号白水仙，或曰泉仙。曾于唐僖宗乾符年间（874—879）"驾舟从海上来，家于后崎"。陈蓬自署联对曰："竹篱疏见浦，茅屋漏通星。""石头磊落高低踏，竹户玲珑左右开。"颇可见其不俗之胸志。他与隐居于太姥山支脉草堂山的林嵩交游密切，相互有诗文唱和，后不知所踪。著有《地理志》《阴阳书》《星图》等行世 。⑥ 万历版《福宁州志》、乾隆版《福宁府志》、嘉庆版《福鼎县志》、民国版《霞浦县志》所载陈蓬事迹，大致相同，只是所记联对内容稍有差异。此外，道光版《福建通志》记载陈蓬号"泉仙"⑦，不同于其他志书，或许乃"白""水"二字叠加为"泉"所致。又，民国版《霞浦县志》别录

---

① 梁克家：《三山志》，福州：海风出版社，2000年，第560页。
② 黄仲昭：《八闽通志》，上册，福州：福建人民出版社，2006年，第316页。
③ 何乔远：《闽书》，卷三一，《方域志》，明崇祯刻本。
④ 殷之辂修，朱梅等纂：《福宁州志》（万历二十一年），卷一五，《仙梵》，北京：书目文献出版社，1990年，第401页。
⑤ 陈寿祺等撰：《福建通志》（同治十年重刊本），卷六二三，台北：华文书局，1968年，第4943页。
⑥ 殷之辂修，朱梅等纂：《福宁州志》（万历二十一年），卷一五，《仙梵》，北京：书目文献出版社，1990年，第401页。
⑦ 陈寿祺等撰：《福建通志》（同治十年重刊本），卷六二三，台北：华文书局，1968年，第4942页。

了陈蓬的一首谶诗("东去无边海,西连万顷田;东西沙径合,朱出紫其间"),载称"后皆验",由此亦可见陈蓬的道行高明。

林　嵩

唐朝人,字降神,长溪赤岸(今霞浦松岗街道赤岸)人。少年时期曾经在太姥山支脉灵山建草堂,读书其中。唐僖宗乾符乙未(875年)科进士,历秘书省正字、度支使、《毛诗》博士、金州刺史等职。林嵩善诗词,"尝著《华清宫》《蓬莱山》《九成宫避暑》,政声感人"。① 现存《赠天台王处士》诗一首收入《全唐诗》。黄巢起义爆发后,林嵩从长安返回,再次隐居太姥山麓,写下太姥山历史上十分重要的一篇文献《太姥山记》。② 在此前后,高道陈蓬前来太姥山隐居,与林嵩有诗文唱和。后晋开运元年(944年),林嵩逝世于老家梨溪畔(今霞浦龙亭风景区),享年96岁。③

王亦简

生卒不详,籍贯不详。南宋时期隐修于太姥山林嵩草堂。④ 宋理宗宝祐元年(1253年),与林竹泉同收秦屿潋城杨氏家族子弟杨涅为徒弟,教授道教经典。宝祐三年(1255年),依据道教传统,为杨涅举行"簪披"仪式。

林竹泉

生卒不详,籍贯不详。南宋时期隐修于太姥山蓝溪之畔。蓝溪源出太

---

① 罗汝泽等修,徐友梧纂:《霞浦县志》(民国十八年本),卷二八,《宦哲》,台北:成文出版社,1967年,第265页。
② 叶梅生、张先清主编:《太姥文化:文明进程与乡土记忆》,北京:商务印书馆,2016年,第870页。
③ 叶梅生、张先清主编:《太姥文化:文明进程与乡土记忆》,北京:商务印书馆,2016年,第351页。
④ 按:明黄仲昭《八闽通志》载有"草堂山",注释曰:"旧名灵山。唐林嵩尝筑草堂山间读书,因名。上有岩泉,虽旱不枯。里人祷雨,必有蜂自岩中出,俄而石壁流液,乃取以归,甘霖随应。"推测王亦简所居"草堂"即林嵩曩日读书之处。参见黄仲昭:《八闽通志》,上册,福州:福建人民出版社,2006年,第316页。

图 1-12　蓝溪,传说中太姥娘娘染衣之处
摄影:张永宏

姥山,到达山脚的潋城,被唤作潋水。① 宝祐元年(1253 年),与王亦简同收秦屿潋城杨氏家族子弟杨涅为徒弟,教授道家玄文。宝祐三年(1255 年),依据道教传统,为杨涅举行"簪披"仪式。万历版《福宁州志》载:"蓝溪,在十都,源出太姥山。每岁八月中,溪水变蓝色。相传太姥染衣。居民候其时取水沤蓝,染帛最佳。"②乾隆版《福宁州志》、嘉庆版《福鼎县志》与此略同。万历版《福宁州志》又载,"蒙井,在十都灵峰寺前。泉清而甘。又佛殿后罅中一泓"。③ 谢肇淛《太姥山志》记载"蒙井"曰:"在蓝溪寺前,泉极甘冽。"④卓

---

① 按:潋水古名"王柄溪",嘉庆版《福鼎县志》载,"源出昭仓岭,北至陈家洋,逾下吉溪;又西北,汇为缪蓝溪;至潋城,南经九曲港,入于海"。参见谭抡纂修:《福鼎县志》(嘉庆十一年本),卷二,《山川》,台北:成文出版社,1974 年,第 171 页。

② 殷之辂修,朱梅等纂:《福宁州志》(万历二十一年本),卷一,《山川》,北京:书目文献出版社,1990 年,第 37 页。

③ 殷之辂修,朱梅等纂:《福宁州志》(万历二十一年本),卷一,《山川》,北京:书目文献出版社,1990 年,第 38 页。

④ 谢肇淛:《太姥山志》,卷上,福鼎市地方志编纂委员会编:《福鼎旧志集》,福州:福建人民出版社,2013 年,第 338 页。

剑舟《太姥山全志》也记载:"蒙井,在蓝溪前三桥下,石壁坚融,中有一穴,形如斧凿,泉极甘洌。"①由此推测,道人林竹泉隐居之处,很可能即是"蓝溪寺",或至少在蓝溪寺和灵峰寺附近不远处。

图1-13 瑞草堂元代石刻

摄影:白荣敏

① 卓剑舟:《太姥山全志》,"名胜",福鼎市地方志编纂委员会编:《福鼎旧志集》,福州:福建人民出版社,2013年,第431页。

杨涅

南宋末元初人。据太姥山水湖元代石刻可知,杨涅是秦屿瀲城杨氏家族成员,出生于宋理宗嘉熙元年(1237年),宝祐元年(1253年)出家,跟随草堂王亦简道长和蓝溪林竹泉道长学习道家经典。宝祐三年(1255年),依据道教传统,举行了"簪披"仪式。宋理宗景定五年(1264年),在西山看守杨氏祖坟。宋度宗咸淳二年(1266年),在太姥山举行祷雨仪式,"偶应"。咸淳九年(1273年),将太姥山东岳庙迁建于瀲城村,改名曰"石湖道观",因社会动荡,未完工。从宋端宗景炎三年(1278年)到元世祖至元二十二年(1285年),陆续修建云堂、中殿、璇玑阁、廊庑等,石湖道观始成一定规模。与此同时,杨涅"又买田与姥山僧晦翁易此丘",与太姥山僧人交换了一座山丘。至元二十三年(1286年)在山丘上创建茅棚,依据《道德经》第九章"功成身退"之旨,取名曰"成退"。至元二十六年(1289年),"易茅以甓",将茅棚改为瓦房,效仿全真派祖师王重阳的做法,将"成退庵"作为"活死人墓"而自撰墓志铭曰:"骞云气而遐征兮,曰吾不能。曷不能?吾恶乎与造物者争其衡。劳斯佚也,消也,其不□息也。永兹宅,爰视斯石,使幽人畸士与之□也。"此后某年,羽化飞升。

公平道人

生卒不详,严州(今浙江建德)人士,主要活动于明宪宗成化年间(1465—1487)。《重建石湖东观志》记载,"守祠道士乃严州人士,云号公平,善楷书,精墨竹,能诗",由此可见公平道人精通诗词书画,文化涵养深厚。其时,瀲城杨氏家族重建了前后两进的石湖观,"内重立紫阳朱夫子神位,以十二世祖配之,外重乃杨氏宗祠也"。杨氏家族二十二世孙、曾任福建右布政使的杨堞平日特别敬重公平道人,恳请他前来住持瀲城石湖观。公平道人婉谢道:"衣食有资,愿抒笔墨之精,建一小楼,以为静室。"①表示不堪重任,只能在一座小楼里写字画画。于是杨氏家族众议,在不到三个月的时间内,于成化十六年(1480年)修建了石湖东观,作为公平道人的静修之所。②

① 杨堞:《重修石湖东观志》,《瀲城杨氏族谱》,1984年重修版。
② 参见杨堞:《重修石湖东观志》,《瀲城杨氏族谱》,1984年重修版。

图 1-14　太姥山乌龙岗

廖宗炽

福鼎前岐熊岭人,全真龙门派第二十三代玄裔、委羽山大有宫系弟子。1995 年版《福鼎县志》记载,民国元年(1912 年),廖宗炽拜浙江平阳高道王理湘为师。结合尹志华先生《清代全真道历史新探》与孔令宏先生主编《浙江道教史》的考证可知,王理湘道长的传承谱系为:王常月→谭守诚→詹太林→盛清新→陆一纯→徐阳明→杨来基→……→薛圆顺→薛明德→吴至荣→王理湘。① 《苍南县志》载,王理湘道长在苍南望里乡龙隐观、宫西山紫云洞及平阳东岳观活动,收徒 73 人,颇有影响。由此亦可见廖宗炽道长深得全真派真传。

郑诚良

浙江平阳人,全真龙门派第二十四代玄裔。1995 年版《福鼎县志》载,民国三十五年(1946 年),郑诚良拜廖宗炽道长为师,接续委羽山龙门法脉。郑诚良道长精通斋醮科仪,修学命理堪舆,道术高明,长期在闽浙一带度化

---

① 尹志华:《清代全真道历史新探》,香港:香港中文大学出版社,2014 年,第 244 页;孔令宏等:《浙江道教史》,北京:中国社会科学出版社,2015 年,第 696~702 页。

济世。1980年,郑诚良道长在前岐熊岭清潭兴建清云道观,前后收徒1000多人,遍及福建福鼎、福州,浙江苍南、平阳等地。1988年,郑诚良道长撰写《八德》一书,影响深远。

吴宗清

女,俗名吴美凤,1943年生于浙江省苍南县南坪乡陈家坪村,19岁下嫁福建省福鼎市崳山镇东角村,27岁时摔伤后出家学道,皈依全真教龙门派下,先后在苍南县蒲城乡景福观、五凤乡顶台山、西斗,灵溪镇浦亭升米岐等地修道,在浦亭升米岐创办太虚道观,通过高明的医术以济世救民,弘扬道法,在浙南、闽东一带广有影响。2014年1月3日,吴宗清道长无疾而终。

第二章

福鼎乡土宫庙

福鼎地处闽浙交界,东南毗邻东海,文化底蕴深厚,是闽越和瓯越文化的发源地之一,境内太姥山被百越族视为圣山,太姥娘娘成为我国东南沿海最古老、最著名的女神。秦汉以后,中原文化传入,与百越文化融合,福鼎逐渐成为闽浙交界的文化重镇。随着道教、佛教相继传入福鼎,百越文化、中原文化、佛教文化与道教文化相融合,通过民俗的方式渗入百姓的日常生活之中,形成福鼎地域独具特色的信俗传统。明清以来,佛教、道教均发生世俗化的转变,福鼎民间对关帝、天妃、观音、弥勒、城隍、玄天上帝、临水夫人、文昌帝君等神祇的信仰非常兴盛,这些神祇多为地方宫庙所供奉,香火鼎盛。其中,由于太姥娘娘信仰融合了各族群和人群的文化心理与信仰诉求,成为福鼎道教历史最悠久、内涵最丰富、影响最深远的信俗传统。据不完全统计,目前福鼎县域供奉太姥娘娘神像的宫观达200多个,信众达十余万人。

第一节 福鼎民间信俗传衍

汉武帝时期,"初令越巫祠上帝、百鬼,而用鸡卜",[①]命令来自越地的巫师祭祀上帝和鬼神,并用鸡骨进行占卜。汉武帝在修造建章宫之时,采纳了越人勇之的意见,根据越地的法术,举行了厌胜道场。据载,"越俗,有火灾

---

① 司马光:《资治通鉴·汉纪·十三》,"汉武帝元封二年(前109年)",北京:中华书局,1956年,第683页。

复起屋,必以大,用胜服之",于是作建章宫。① 当时,汉武帝已经平复瓯越的叛乱,派军驻扎福州一带,钳制东西两越。不少越人服务于汉室,中原文化与百越文化的融合加速。范晔《后汉书》记载了一位擅长巫术的闽中人徐登,"本女子,化为丈夫",能够使溪水停止流动。② 由此亦可见东汉以来,福建民间多有擅长巫法的异人。③ 福鼎位于瓯越(东越)与闽越(西越)交叉地带,推测有大量越巫活动。

1995年版《福鼎县志》认为,太姥舍利塔建于唐代,正面所刻"尧封太姥舍利宝塔"为唐玄宗赐额,由此可见唐时太姥信仰的情况。④

基于文献数据的统计分析,陈支平先生主编的《福建宗教史》认为:"唐中后期福建道教有了比较大的发展,从开元至唐末(714—907)的193年间,福建兴建了11座道观,建观的速度明显快于隋代唐初。"⑤此一时期的福鼎县域,则出现了高道马真人与陈白水。

万历版《福宁州志》载:"马真人,温麻里人,马氏女也,乾符中入崑田山,炼丹仙去,庙冠在山,今丹井、臼尚存。"⑥马冠山在福鼎点头附近,至今当地还广泛信仰马仙娘娘,在农历七月初七日供筵请神,焚香祭拜。⑦ 与马真人同时代还有道人陈蓬在福鼎境内活动。万历版《福宁州志》载,陈蓬号白水,曾于唐僖宗乾符年间(874—879)"驾舟从海上来,家于后崎"。陈蓬自署联对曰:"竹篱疏见浦,茅屋漏通星。""石头磊落高低踏,竹户玲珑左右开。"颇可见其不俗之胸志。他与隐居在太姥山的乡绅林嵩交游密切,相互有诗文

---

① 司马光:《资治通鉴·汉纪·十三》,"汉武帝太初元年(前104年)",北京:中华书局,1956年,第698页。
② 范晔:《后汉书》,北京:中华书局,1965年,第2741页。
③ 《福建移民史》认为徐登的法术代表了"福建本土的神仙道和巫术已经达到一个很高的水平"。参见林国平、邱季端主编:《福建移民史》,北京:方志出版社,2005年,第349页。
④ 卢宜忠主编:《福鼎县志》,北京:中国统计出版社,1995年,第811页。
⑤ 陈支平主编:《福建宗教史》,福州:福建教育出版社,1996年,第16页。
⑥ 殷之辂修,朱梅等纂:《福宁州志》(万历二十一年),卷一五,《仙梵》,北京:书目文献出版社,1990年,第401页。
⑦ 叶梅生、张先清主编:《太姥文化:文明进程与乡土记忆》,北京:商务印书馆,2016年,第51页。

唱和。后不知所之。① 有《地理志》《阴阳书》《星图》等著作行世。② 陈白水的著作在某种意义上代表了此期福鼎道教的最高思想成就。

五代十国时期，道教神仙信仰发生了由主张出世到主张入世的转变，丹鼎派也实现了由外丹向内丹的转变，王审知及其后几代闽王皆崇奉道教，高道陈守元、谭紫霄等受到重用。《莆田的宗教》指出，"王氏三代俱信道，又因道而信巫，所以各县都成为巫道的世界"。③ 其时，陈守元的妹妹陈靖姑闾山学法有成，在闽东、闽东北一带斩妖除邪，受到世人敬仰，后世尊称通天圣母临水夫人。福鼎与临水夫人祖宫所在地古田同处闽东北，流行闾山法，临水夫人信仰兴盛。这是目前所知福鼎净明派（闾山派）④最早的源头。

宋太宗、宋真宗、宋徽宗皆好道，道教在全国范围内获得长足发展。宋徽宗宠幸林灵素，神霄派异军突起。林灵素是温州人，晚年在温州一带活动，"约死于宣和二年至七年间"。⑤ 福鼎距离温州不远，两地人多有迁徙、联姻、通商活动，神霄派可能传播至福鼎一带。嘉庆版《福鼎县志》载，宋神宗元丰三年（1080年），福鼎马道潭有周公庙，始建年代不详。⑥

元朝统一全国以后，全真派南传，与金丹派南宗合流，以江西龙虎山为中心的正一派整合茅山、阁皂（灵宝）、净明（闾山）等派别，全真道与正一天师道并立于天下。推测全真道可能于此时传入闽东地区。⑦ 据黄德信先生

---

① 按：后崎，又名"后岐"，隶属于今霞浦县松岗街道。后岐距离太姥山不甚远，霞浦籍文人林嵩长期隐居太姥山西面的灵山（草堂山），陈蓬与之交游密切。

② 殷之辂修，朱梅等纂：《福宁州志》（万历二十一年），卷一五，《仙梵》，北京：书目文献出版社，1990年，第401页。

③ 莆田县县志编辑委员会编：《莆田县志·莆田的宗教》，1963年，第23页。

④ 按：在道教派别中，净明忠孝派与闾山派都尊奉许逊许旌阳为祖师。相对而言，注重忠孝文化、精神内炼的道众归属于忠孝净明派，注重法术巫术的道众归属于闾山派。在福鼎城乡，尊奉许旌阳的道众多注重巫法，但自称"净明派"。

⑤ 孔令宏等：《浙江道教史》，北京：中国社会科学出版社，2015年，第325页。

⑥ 按：嘉庆版《福鼎县志》载："周公庙，在马道潭。石壁有'周公庙'三字，旁镌'元丰三年'，余漶漫不可读。"谭抡纂修：《福鼎县志》（嘉庆十一年本），卷二，《名胜》，台北：成文出版社，1974年，第214页。

⑦ 按：2003年版《福鼎县志》认为道教全真派在唐代即传入福鼎，此说大谬。盖全真派创始于金代王重阳，起先在北方活动——其时，南方主张金丹修炼的道派主要是张伯端所创紫阳派。元朝统一后，南北金丹派合流，全真派开始逐渐在南方各地传播。尽管如此，南方道教主要仍然是正一派的大本营。参见林守无主编：《福鼎县志》，福州：海风出版社，2003年，第880页。

考证,秦屿临水宫始建于元末明初,祈雨仪式也于此时开始定型。祈雨期间,聘请净明派法师前来搭台施法,依据择定日期护送临水夫人前往太姥山,在西山暂停,由另一尊小型临水夫人神像继续前行至龙洞口,迎接神鱼回到西山。在西山,法师搭台施法,一谢太姥娘娘赐鱼,二请神鱼下山施雨。随后返回临水宫,法师再度登台施法,雨水淅淅沥沥地就下来了。①

图2-1　潋城临水宫,宫外为潋城古堡炮台
摄影:林昌峰

由于明成祖、明英宗、明武宗、明世宗、明神宗等皇帝均崇信道教,尤其对道教法术和斋醮科仪感兴趣,道教正一派得到尊崇,成为全国道派之统领,江西龙虎山的地位陡增。福建与江西相邻,不少福建道士前往龙虎山求道学法,有些道士获得较高道阶,推动了福建道教的发展。其时,活动于民间的雷法类符箓派道士相当活跃,何乔远《名山藏》记载以雷法、符箓见长的福建道士有沙县俞震斋、黄天玄、魏雷鸣,晋江董伯华,建宁上官道,延平陈本润,福宁张景真,松溪张志宗,永春陈智箓,罗源陆道照和邵武江泽等十多人,他们都擅长雷法、符箓,在民间进行祈雨、保苗、驱雷、祛邪、除瘟、诊疾等法事活动。② 据道光版《福建通志》所记,福鼎县城元弼殿(祀华光大帝)由

---

① 黄德信:《秦屿祈雨》,《福鼎文史·秦屿专辑》,内部刊行,2007年,第154页。
② 何乔远:《名山藏》,卷一〇四,《方外记下》,福州:福建人民出版社,2005年,第2916~2920页。又参见福建省地方志编纂委员会编:《福建省志·宗教志》,厦门:厦门大学出版社,2014年,第188页。

里人高朝宪捐建于明神宗万历年间(1573—1619)。① 根据宫庙碑记可知,潋城临水宫始建于明英宗正统元年(1436年)。② 又,《八闽通志》记载明宪宗成化十五年(1479年)重修石湖观③,万历版《福宁州志》载石湖观内奉祀有杨通老。④ "杨通老"即杨楫,朱子的高足,曾经邀请朱子至潋城石湖观讲学。石湖观一度改称"杨公祠",奉祀杨楫,受到官祀待遇。其时,杨氏家族别建静室,名曰"石湖东观",邀请严州籍公平道人驻锡其中,同时主持石湖观事。⑤《桐山高氏族谱》记载明清易代之际,福安进士刘仲藻曾带兵来桐山,"驻扎三官堂前旷地",与清兵对抗。⑥ 由此可知,福鼎县城有三官堂,其始建年代当不晚于明思宗崇祯十七年(1644年)。根据田野调查所知,管阳康安宫、管阳金峰宫、山前真庆观、点头天后宫、前岐晏公宫、前岐文昌阁、磻溪后畲临水宫、秦屿天仙府聚宫等均创建于明朝时期。

清高宗乾隆四年(1739年),福鼎建县,为了加强管理,首任县令傅维祖到任后,于乾隆六年(1741年)创建城隍庙⑦,其地今为福鼎市文化馆。乾隆二十三年(1758年),当地人修葺了潋城临水宫,清宣宗道光九年(1829年)又进行了重建工程。⑧

尽管清代道教在上层社会的影响日渐衰微,在思想理论方面的贡献也不大,但在下层社会的活动却日益活跃,福建民间对关帝、天妃、城隍、玄天上帝、临水夫人、文昌帝君等神祇的信仰非常兴盛,敕建、私建庙宇遍布城乡。其时,福鼎县境的太姥娘娘信仰、临水夫人信仰、妈祖信仰、马仙娘娘信

---

① 陈寿祺等撰:《福建通志》(同治十年重刊本),卷二八,《坛庙》,台北:华文书局,1968年,第657页。
② 叶梅生、张先清主编:《太姥文化:文明进程与乡土记忆》,北京:商务印书馆,2016年,第843页。
③ 黄仲昭:《八闽通志》,下册,福州:福建人民出版社,2006年,第1230页。按:杨堞《重修石湖东观志》记载重修石湖观事在成化庚子(1480年)。黄仲昭所记或为动工始年。参见杨堞:《重修石湖东观志》,《潋城杨氏族谱》,1984年重修版。
④ 殷之辂修,朱梅等纂:《福宁州志》(万历二十一年),卷四,《祠庙》,北京:书目文献出版社,1990年,第70页。
⑤ 参见杨堞:《重修石湖东观志》,《潋城杨氏族谱》,1984年重修版。
⑥ 参见《桐山高氏宗谱》,清宣统辛亥年(1911年)刊本。
⑦ 谭抡纂修:《福鼎县志》(嘉庆十一年),卷四,《坛庙》,台北:成文出版社,1974年,第455页。
⑧ 叶梅生、张先清主编:《太姥文化:文明进程与乡土记忆》,北京:商务印书馆,2016年,第843页。

仰、城隍信仰、文昌信仰、关帝信仰、五显大帝信仰均十分流行。随着福建沿海人口大量迁居台湾和东南亚地区,其所信奉的神祇也漂洋过海流传各地。① 嘉庆版《福鼎县志》载,"上元,张灯,庙宇尤盛。街衢杂百戏,放花炮,装鱼龙各灯,沿门庆贺,箫鼓之声喧阗达旦。自十二日起,至十七日止,各社醵金设醮,谓之祈福。聚会欢饮,有乡社风"②,此外,每年正月初四日,各家各户又"具牲馔祀神,曰接神",腊月二十四日"以果品祀灶,牲馔祀各神,曰送神"。③ 凡此等等,皆可见其时民间信仰与福鼎民间社会习俗相融合的兴盛状况。

位于福鼎县城演武厅东的妈祖庙,始建年代不详,康熙年间由官民重建。乾隆二十年(1755年),县令肖克昌重建。④ 因为天后妈祖已经被列入官祀,故而一般由县令主持祭祀活动,其祭文略云:"维神菩萨现身,至诚至圣,主宰四渎,统御百灵,海不扬波,浪静风平,舟航稳载,悉仗慈仁,奉旨崇祀,永享尝蒸。兹届仲春、秋敬荐豆馨,希神庇佑海晏河清。尚飨!"⑤这是官方层面的祭祀活动。在民间社会,"逢年过节,渔民都在船头烧香,顶礼膜拜;也有的渔民每逢鱼汛来临,先带厚礼进庙拜佛,预卜吉凶后出海"。⑥ 由此皆可见妈祖信仰的影响力。位于佳阳罗唇的马仙宫始建于清圣祖康熙年间(1662—1722),清德宗光绪年间(1875—1908)重新扩建,有殿堂、戏台、天井、厢廊等。每年正月十五至十八日,宫口、柴兰里、马渡头、六斗坑的畲汉百姓都要前来进香,朝拜马仙娘娘,祈求风调雨顺,形成独具特色的"冥斋节"。⑦

---

① 福建省地方志编纂委员会编:《福建省志·宗教志》,厦门:厦门大学出版社,2014年,第189页。

② 谭抡纂修:《福鼎县志》(嘉庆十一年),卷二,《风俗》,台北:成文出版社,1974年,第224页。

③ 谭抡纂修:《福鼎县志》(嘉庆十一年本),卷二,《风俗》,台北:成文出版社,1974年,第223、226页。

④ 谭抡纂修:《福鼎县志》(嘉庆十一年本),卷四,《坛庙》,台北:成文出版社,1974年,第455页。

⑤ 谭抡纂修:《福鼎县志》(嘉庆十一年本),卷四,《典礼》,台北:成文出版社,1974年,第421页。

⑥ 林守无主编:《福鼎县志》,福州:海风出版社,2003年,第862页。

⑦ 叶梅生、张先清主编:《太姥文化:文明进程与乡土记忆》,北京:商务印书馆,2016年,第51页。

图 2-2　罗唇冥斋节，祭祀马仙娘娘

　　根据田野调查所知，硖门剑龙宫（今剑龙道观）、点头东湾五显灵官宫、点头保安宫、点头长生宫、前岐玄真道观、前岐五显大帝宫、白琳狮头岗杨府圣王宫、桐山三广宫等均创建于清朝时期。1995年版《福鼎县志》载，"清至民国，全县曾建有神庙25座，民国后均被废除"。① 清末民国宫观寺庙之废毁，可能与其时政府执行的"废庙兴学"政策有关。张之洞《劝学篇》建议，"每一县之寺观，取什之七以改学堂，留什之三以处僧道"。② 光绪三十年（1904年）颁布的《奏定学堂章程》采纳了这个建议。全国各地寺庙宫观多有改为学堂者。福鼎县白琳中心小学（初名"区立玉琳高等小学堂"）创建于光绪三十一年（1905年），即是在白琳溪坪文昌阁的基础上改建而来。③ 此外，光绪版《福鼎县乡土志》记载，光绪三十二年（1906年），福鼎县警察总局在城内万寿宫、北关外大帝宫和南关外关帝庙设立三处分局，"所以护商民，

---

① 卢宜忠主编：《福鼎县志》，北京：中国统计出版社，1995年，第974页。
② 张之洞：《劝学篇》，郑州：中州古籍出版社，1998年，第121页。
③ 参见庄孝赵：《白琳中心小学拆校还田追述》，《福鼎文史资料》，第21辑，内部刊行，2002年，第169页。

诘奸暴,释争弭乱,保业卫生"。①

表 2-1　乾隆版《福宁府志》所载福鼎县域宫庙一览表

序号	名称	地点	始建年代	主事人	备　　注
01	文庙①	南郊外	乾隆六年(1741年)	知县傅维祖	乾隆十九年(1754年)、乾隆二十二年(1757年),知县何翰南、萧克昌主持修葺
02	崇圣祠	文庙内	乾隆六年(1741年)	知县傅维祖	
03	文昌阁	文庙内	乾隆六年(1741年)	知县傅维祖	
04	文昌祠	城东莲池境	乾隆十六年(1751年)	知县高琦	桐山书院内
05	奎光阁	文庙内	乾隆六年(1741年)	知县傅维祖	桐山书院内
06	名宦祠	文庙内	乾隆十九年(1754年)	知县何翰南	
07	乡贤祠	文庙内	乾隆十九年(1754年)	知县何翰南	
08	朱文公祠	文庙内	乾隆二十二年(1757年)	知县萧克昌	
09	朱子祠	城东莲池境	乾隆十六年(1751年)	知县高琦	
10	社稷坛	县城北	乾隆六年(1741年)	知县傅维祖	乾隆十六年(1751年)毁于水,乾隆十八年(1753年)知县何翰南重修
11	风云雷雨坛	县城北	乾隆六年(1741年)	知县傅维祖	
12	先农坛	石湖程家洋		知县傅维祖	重建
13	厉坛②	七里墩	乾隆六年(1741年)	知县傅维祖	原址在南街,乾隆十六年(1751年)水圮,乾隆二十年(1755年)知县萧克昌改建于今址,中元、十月朔官祭

①　黄鼎翰总纂:《福鼎县乡土志》,福鼎市地方志编纂委员会编:《福鼎旧志集》,福州:福建人民出版社,2013年,第285页。

续表

序号	名称	地点	始建年代	主事人	备注
14	城隍庙	钟仁境③	乾隆六年（1741年）	知县傅维祖	
15	关帝庙	宁泰境	康熙年间	里人建④	乾隆十五年（1750年），知县何翰南重葺
16	天后庙⑤	演武厅右	康熙年间	官民同建⑥	乾隆二十三年（1758年），知县萧克昌重修
17	忠孝祠	西关外	乾隆六年（1741年）	知县傅维祖	
18	节义祠	西关外	乾隆六年（1741年）	知县傅维祖	
19	临水宫	钟和境⑦			乾隆二十三年（1758年），丁振鹬等修葺
20	七圣庙	宁泰境	开庆元年（1259年）		县令李姓者，自蜀奉香火至福鼎
21	大帝庙⑧	县衙右			祀华光神，四月初八日诞，里人自祭
22	龙神庙	宁泰境	雍正年间		祈晴祷雨，均致祭焉
23	火神庙	游击衙内			
24	九使庙	秦屿后澳	康熙四十四年（1705年）	里人高洪声等	
25	白马庙	八都后岐	康熙五十七年（1718年）	里人毛元亨	
26	水部尚书庙⑨	秦屿小东门			
27	地主庙	育贤境	乾隆十六年（1751年）	里人蔡惟尊等	三月初三日诞，里人自祭
28	真君庙	明德境⑩			
29	元都庙	游击辕门右			
30	杨通老祠	九都石湖观			
31	高国楹祠	西园			
32	义勇祠	秦屿北门			祭祀明末抗击海寇死难者四十三人

续表

序号	名称	地点	始建年代	主事人	备注
33	孤魂坛⑪	六都官仓塘			纪念抗寇者林卿等数十人,七夕祭祀

①文庙、崇圣祠、朱子祠、文昌阁、社稷坛、厉坛等儒家性质的祠庙,在传统社会中由官方管理,属于正祀范围,具有浓郁儒家礼教特征,地方政府举行年度祭典。
②厉坛,嘉庆版《福鼎县志》另有"清明祭",当为后来新增祭日。
③钟仁境,嘉庆版《福鼎县志》为"安平社",当为地名前后变更之故。
④里人建,嘉庆版《福鼎县志》明载首事者为里人高祖蒸。
⑤天后庙,光绪版《福鼎县乡土志》记载为"天后宫"。
⑥官民同建,嘉庆版《福鼎县志》记载为"官民重建"。
⑦钟和境,嘉庆版《福鼎县志》记载为"临薰社",光绪版《福鼎县乡土志》为"(秦屿)南薰社",当为地名前后变更之故。
⑧大帝庙,光绪版《福鼎县乡土志》记载为"大帝宫"。
⑨水部尚书庙,嘉庆版《福鼎县志》认为水部尚书庙原名"忠烈庙",祭祀抗倭死难者,后来增祀水部尚书,但不当改名为"水部尚书庙"。
⑩明德境,嘉庆版《福鼎县志》为"囊金社",当为地名前后变更之故。
⑪孤魂坛,嘉庆版《福鼎县志》为"义民坛",当为地名前后变更之故。

表2-2 嘉庆版《福鼎县志》所载宫庙一览表

序号	名称	地点	始建年代	主事人	备注
01	关帝庙	店头			
02	关帝庙	白鹭			
03	关帝庙	大筼筜			
04	关帝庙	秦屿			
05	天上圣母庙	赤屿			又名天后宫、天妃宫、妈祖庙
06	天上圣母庙	南镇上澳			
07	天上圣母庙	南镇中澳			
08	天上圣母庙	沙埕			
09	天上圣母庙	秦屿小东门			

续表

序号	名称	地点	始建年代	主事人	备注
10	天上圣母庙	白鹭			
11	天上圣母庙	流江			
12	天上圣母庙	店头			
13	天上圣母庙	水澳			
14	文昌祠	文昌社			嘉庆六年(1801年)入列官祭,春秋祭祀
15	文昌阁	西园			
16	文昌阁	秦屿			
17	忠烈庙①	秦屿小东门	嘉靖三十五年(1556年)	里人李春荣	祭祀抗倭死难者人四十余人
18	威灵宫	积石山			祭祀周德兴、戚继光、陈登、张绘等
19	顺懿庙	前岐			又名临水夫人庙、临水宫等
20	顺懿庙	磻溪后畲			
21	顺懿庙	磻溪			
22	顺懿庙	上弹			
23	顺懿庙②	秦屿集贤社			
24	顺懿庙	后澳			
25	顺懿庙	康湖社			
26	顺懿庙	贤川社			
27	顺懿庙	榕村			
28	顺懿庙	潋城			

续表

序号	名称	地点	始建年代	主事人	备 注
29	顺懿庙	店下			
30	顺懿庙	洋门			
31	顺懿庙	矴窑			
32	顺懿庙	南镇			
33	顺懿庙	巽城			
34	顺懿庙	沿洲			
35	七圣庙	潋城东麓社			
36	七圣庙	硖门毬墩			
37	东溪仙宫	六都			
38	石湖观	潋城	宋前		朱熹曾讲学于此,始创石湖书院
39	三元院③	南关外			又名三元宫、三元道院

按:谭抡总纂《福鼎县志》完成于嘉庆十一年(1806年),所载福鼎县域坛庙寺观与乾隆版《福宁府志》完全相同者,本处不再重复。

①忠烈庙,后来增祀水部尚书,《福宁府志》误记为"水部尚书庙"。光绪版《福鼎县乡土志》记载了秦屿三处临水宫:"一在钱墩境,一在集贤境,一在长丰境。"

②顺懿庙,道光版《福建通志》为"吉祥祠",当为庙名前后变更之故。

③嘉庆版《福鼎县志》所记"三元院",可能与《桐山高氏宗谱》所记"三官堂"为同一道观。

表 2-3　道光版《福建通志》所载福鼎县域宫庙一览表

序号	名称	地点	始建年代	主事人	备注
01	忠孝祠	桐山书院西	道光元年（1821年）	知县文中运	原址在西关外
02	节义祠	桐山书院西	道光元年（1821年）	知县文中运	原址在西关外
03	文昌祠	桐山书院内	道光四年（1824年）	知县陈昉	原址在县城文昌社①
04	白马三郎祠	西园	嘉庆十年（1805年）	里人高实	祀闽越王郢第三子
05	白马庙	秦屿康湖山			祀闽王王审知
06	朱子祠	学宫	乾隆五十三年（1788年）②		
07	元弼殿	县城	万历年间	里人高朝宪	祀华光大帝（祝融）
08	广利王庙	秦屿麟后山			祀海神
09	水仙王庙	秦屿承恩社			

按：陈寿祺主撰《福建通志》完成于道光十四年（1834年），所载福鼎县域坛庙寺观与乾隆版《福宁府志》、嘉庆版《福鼎通志》完全相同者，本处不再重复。

①嘉庆版《福鼎县志》记载，文昌社所在文昌祠于嘉庆六年（1801年）入官祀，推测后来毁圮，故而于道光四年（1824年）合并于桐山书院内文昌祠。据乾隆版《福宁府志》可知，桐山书院内文昌祠于乾隆十六年（1751年）由知县高琦主持修建，则嘉庆版《福鼎县志》所载知县陈昉所建文昌祠，当为修葺或重建。

②乾隆版《福宁府志》载乾隆二十二年（1757年），知县萧克昌新建"朱文公祠"，则道光版《福建通志》所记"乾隆五十三年"当为修葺或重建年份。

表 2-4　光绪版《福鼎县乡土志》所载福鼎县域宫庙一览表

序号	名称	地点	始建年代	主事人	备　注
01	万寿宫	城中			
02	临水庙	武洋			两座
03	天后宫	武洋			
04	奎光阁	秦屿			
05	朱子祠	秦屿			
06	临水宫	后坑			
07	文昌宫	店头			
08	文昌宫	白琳			

按：黄鼎翰总纂《福鼎县乡土志》完成于光绪三十二年（1906 年），所载福鼎县域坛庙寺观与乾隆版《福宁府志》、嘉庆版《福鼎通志》、道光版《福建通志》完全相同者，本处不再重复。

民国时期，由于新文化新思想的流行、外来宗教文化的冲击、"新生活运动"等原因，人们逐渐对传统文化和宗教信仰产生动摇。然则，由于兵荒马乱、社会动荡，人民的生活朝不保夕，心灵极度焦虑，故而对于宗教的需求极为强烈，这为各种会道门组织、民间宗教提供了土壤。民国二十五年（1936 年），福鼎县民众教育馆成立，馆址设在县城城隍庙（今文化馆）。① 民国二十九年（1940 年），福鼎县图书馆也迁移至城隍庙。② 民国三十一年（1942 年），在乡贤主持下，将城隍庙搬迁于上庵地主宫。民国三十七年（1948 年），城关卓笙甫在桐山溪地主宫创办镛斋改良私塾，招收生童近 70 人。③

1946 年夏，双华畲乡爆发虫灾，家家户户斋戒，杀猪宰羊，前往马仙宫祭拜，连演五天五夜大戏。石板宫则组织民众抬出五显大帝，巡境于受灾畲

---

① 林守无主编：《福鼎县志》，福州：海风出版社，2003 年，第 709 页。
② 林守无主编：《福鼎县志》，福州：海风出版社，2003 年，第 729 页。
③ 林守无主编：《福鼎县志》，福州：海风出版社，2003 年，第 757 页。

村。① 根据田野调查所知,敏灶天后宫、山前福兴道观等创建于民国时期。

表 2-5　民国版《福建通志》所载福鼎县域宫庙一览表

序号	名称	地点	始建年代	主事人	备　注
01	社稷坛	县城北	乾隆六年（1741年）	知县傅维祖	乾隆十八年（1753年）重修
02	风云雷雨山川坛	社稷坛中			
03	先农坛	石湖程家洋			
04	厉坛	七星墩			
05	龙神庙	宁泰社			
06	火神庙①	游击衙内			
07	城隍庙	安平社	乾隆六年（1741年）	知县傅维祖	旧为庐门巡司公所
08	忠孝祠	桐山书院内			忠孝祠、节义祠原在西关外,乾隆六年（1741年）知县傅维祖建。道光元年（1821年）知县文中运移建于桐山书院西偏
09	节义祠②	桐山书院内			
10	关帝庙③	宁泰社	康熙年间	里人高祖蒸	
11	关帝庙	秦屿承恩社			
12	天后庙④	演武厅东			
13	天后庙	秦屿			
14	文昌祠	文昌社			道光四年（1824年）,知县陈昉移奉桐山书院
15	文昌祠	崇圣祠前			

① 参见蔡煌:《畲乡灭灾》,《福鼎文史资料》,第 21 辑,内部刊行,2002 年,第 124 页。

续表

序号	名称	地点	始建年代	主事人	备注
16	白马三郎祠⑤	西园	嘉庆十年（1805年）	里人高实	祀闽越王郢第三子
17	白马庙	秦屿康湖山			祀闽王王审知
18	朱子祠⑥	学宫			乾隆五十三年（1788年）修
19	杨通老祠	九都石湖观			祀宋儒杨楫
20	高国楹祠	西园			祀宋儒高松
21	忠烈庙⑦	秦屿小东门			祀抗倭死难烈士四十余人
22	威灵宫⑧	秦屿积石山			祀周德兴、戚继光等
23	义勇祠	秦屿北门			祀明末抗击海寇死难烈士
24	义民坛	六都官仓塘头⑨			祀明末抗寇烈士
25	元弼殿	县城内	万历年间	高朝宪	嘉庆十九年（1814年），高氏阖族拓建，祀华光大帝，或谓祝融
26	广利王庙	秦屿麟后山			祀海神
27	水仙王庙⑩	秦屿承恩社			
28	吉祥祠	秦屿集贤社			祀临水夫人

①火神庙，民国版《福鼎县志》略晚于民国版《福建通志》，标注火神庙为"今圮"。
②节义祠，民国版《福鼎县志》载，忠孝祠、节义祠因"清末改书院为学校"，因此从桐山书院迁移至文昌宫前。笔者推测民国版《福建通志》主要依据道光版《福建通志》，而不及详查，故而不若民国版《福鼎县志》记载之准确。
③关帝庙，民国版《福鼎县志》载名为"武庙"，且标注曰关壮缪、岳武穆合祀，配祀历代武将云云。
④天后庙，民国版《福鼎县志》载名为"林孝女祠"，标注曰"旧称天后宫、天妃庙，又呼妈

祖庙"云云。

⑤白马三郎祠,民国版《福鼎县志》载名为"白马三郎庙"。

⑥朱子祠,民国版《福鼎县志》载名为"文庙",且标注曰"岁春秋二仲上丁日致祭"云云。

⑦忠烈庙,民国版《福建通志》《福鼎县志》认同嘉庆版《福鼎县志》的观点,认为忠烈祠原祀抗倭死难者,后人不知,改祀水部尚书,不当。

⑧威灵宫,民国版《福鼎县志》特别标注,认为威灵宫应当奉祀周德兴、戚继光等,里人不晓其故,称之曰"城隍庙""大王宫",大谬。

⑨六都官仓塘头,民国版《福鼎县志》载名为"六都屯头",当与民国版《福建通志》所载为同一地名。

⑩水仙王庙,民国版《福鼎县志》载名"大禹庙",又称"水仙宫",认为"此庙为闽中仅有"。

表 2-6　民国版《福鼎县志》所载福鼎县域宫庙一览表

序号	名称	地点	始建年代	主事人	备注
01	孔子庙	南关外	乾隆六年（1741年）	知县傅维祖	旧称"文庙",配祀有历代先贤
02	名宦祠	棂星门左			
03	乡贤祠	棂星门右			
04	武庙	后岚亭			
05	朱子祠	秦屿			
06	报功祠	文昌宫前			
07	兴文祠	文昌宫前			
08	林孝女祠	前岐			旧称天后宫、天妃庙、妈祖庙
09	林孝女祠	沙埕			
10	苍葭亭	秦屿堡西		王祖望、王守锐	祀里之学行兼优者
11	曾游氏祠	秦屿集贤里		周熙鸿、陈志泰	祀民人曾国梁未婚妻游氏
12	文昌宫	西园			

续表

序号	名称	地点	始建年代	主事人	备注
13	文昌宫	秦屿			
14	文昌宫	白琳			
15	文昌宫	前岐			
16	奎星阁	文庙左			又名"回澜阁"
17	奎星阁	秦屿			
18	城隍庙	秦屿集贤里			
19	临水宫	临薰社			
20	临水宫	前岐			
21	临水宫	磻溪			
22	临水宫	后畲			
23	临水宫	上弹			
24	临水宫	秦屿			
25	临水宫	潋村			
26	临水宫	石床			
27	临水宫	店下			
28	临水宫	沿门			
29	临水宫	南镇			
30	临水宫	巽城			
31	真君庙	囊金社			奉祀许逊许旌阳

续表

序号	名称	地点	始建年代	主事人	备注
32	五显庙	县政府右			祀华光大帝(明太祖)
33	北社大帝宫				祀华光大帝
34	玄都观	城厢			
35	真武祠	北关外水北溪			
36	真武祠	秦屿西门楼			
37	七圣宫	宁泰里			
38	杨府宫	福全山			
39	广利侯王庙	沙埕			又名"九使庙",相传祀海神
40	广利侯王庙	秦屿			
41	广利侯王庙	才堡			
42	广利侯王庙	筼筜			
43	土地庙				各乡皆有,管洋土爹庙有神二
44	地主宫①	安乐首境			
45	五谷祠	秦屿积石山麓			一作"土谷祠",奉祀谷神
46	马仙宫				各乡皆有,奉祀马仙娘娘
47	三官堂				各乡皆有

按:民国版《福鼎县志》稍晚于民国版《福建通志》,所载福鼎县域坛庙寺观与民国版《福建通志》完全相同者,本处不再重复。

①地主宫,民国版《福鼎县志》认为乾隆版《福宁府志》记载育贤里地主宫有误,当在安乐首境。

第二节　福鼎民间信仰场所

在长期的历史文化发展过程中，福鼎县域的宗族文化暨太姥娘娘信俗文化、民众日常的生产生活文化、民俗风情等文化要素相互融合，逐渐形成了多姿多彩的民间信俗文化。民间信仰场所是民间信俗文化的重要载体，是民众祭拜神明、举办祈福禳灾的处所。遍布于福鼎县域的民间信仰场所已然成为广大民众心灵慰藉的神圣空间。

一、磻溪后畲临水宫

后畲临水宫位于磻溪镇溪口后畲，据嘉庆二十年（1815年）磻溪《林氏宗谱》记载，磻溪林氏十六世祖车岭宏瀚公置田后畲三箩及置山场数十亩，葬有车岭祖坟一座于宫后。至二十世文宰公兴建后畲临水宫，宫中塑有陈、林、李三位夫人金身，三十六婆神、七十二婆姐。据说车岭文宰公曾三次亲临古田临水宫，口御玉指，三步一拜，七步一跪接回通天圣母太后元君。此后每年正月十四日，善男信女焚香礼拜，净身素食，筵师道场，作供奉祀。十都、十一都（硖门牙城）、十二、十三都（磻溪）、十五都（白琳）、六都（霞浦后山）等几十个村庄的男女老少都于正月十五日元宵节早晨云集后畲为圣母祝寿，香烟缥缈，热闹非凡。祝寿完毕，各村各境首事按预先安排，接送陈、林、李三位夫人出巡各都，确保各都各境平安，五谷丰登，风调雨顺。各境各村轮流供至冬至，才接驾回宫。每年回宫之际，大办八将八仙，一路旌旗招展，锣鼓喧天，礼炮齐鸣，每过一村停轿焚香，礼拜供请。改革开放以来，后畲临水宫被列为福鼎市和磻溪镇两级地方民俗文化的一大胜地，每逢初一、十五日，逢年过节，香客烧香、还愿、问签、求嗣、求财、求喜者络绎不绝，信仰者达十万名之多，近年正月元宵节后畲临水宫举办热闹的畲族元宵庙会，有马灯、八仙灯、舞龙灯、畲族山歌对唱、花鼓队、越剧表演等多种形式的节目。

后畲临水宫始建于明初，复建于明末，再建于同治年间。新中国成立初期，宫中神像俱毁，宫殿场地被挪作他用。车岭文宰公后裔二十九世孙林秀金先生继承祖宗遗志，与原磻溪、白琳、硖门、秦屿等各乡镇首事同心协力振兴后畲临水宫，筹资百万整修老殿，新建新殿、宿舍楼、膳厅、鱼池、凉亭、停车场、公路扩建等。近年来又大力扩大宫围面积形成规模，自溪口至后畲路

上建三座石碑坊。2012年林秀金老先生逝世后，林上寿先生子承父志，担任后畲宫主管，组织各都理事，组成理事会（磻溪镇15人，白琳镇15人，秦屿硖门15人）。

近年来，在车岭村及各都善男信女帮助下，以林上寿先生为首事，宫中面貌又发生变化，设施安全，环境优美，宫貌肃然。后畲宫特别拨出专款以服务于社会，修桥修路，助学扶贫，为创建和谐社会做出贡献。

1989年，后畲临水宫被确定为福鼎市级文物保护单位。临水宫坐北朝南，属二进合院式砖木结构，中轴建筑由大门、太子亭、天井、前殿、后天井、后殿组成。大门宽9.3米，栏杆长9.2米；太子亭面阔48.2米，进深18.6米；天井深25米，长14米；前殿面阔5间15.2米，进深4柱10米，正梁上铭文曰"大清光绪二十七年辛丑桂月二十日壬子时重建"；中门宽1.9米；后天井宽13.9米，长6.6米；后殿面阔13.9米，进深5柱减中柱，抬梁式重檐歇山顶。

图 2-3 后畲临水宫主体建筑
摄影：赵金飞

后畲临水宫分上下殿，中间拱桥连接殿宇，拱桥架于鱼池之上，两边两廊为人行道，上殿完好保存明清时期建筑风格。八座銮驾内坐陈、林、李三位通天圣母太后元君软身金身，头戴凤冠，身穿蟒袍。殿内木雕精细，栩栩如生。殿大门外为殿内大埕。大埕三面围墙，中间有两尊宝炉；大埕边花台植有樟树、铁树等奇花异草。大埕门口新建有石雕双层门楼亭，亭分中门和左右门。大门外为水泥埕，分为上下层，上层环抱正殿，厨房和膳厅，周边围着矮墙,墙下建有花台,两边立有碑林。上层埕有台阶直通下层大埕,台前两边为鱼池,离正殿 30 米外凉亭边建有大停车场。近两年又拆去旧膳厅,重建新建,四周围墙装修琉璃瓦,重建布局,扩大场用地,使后畲宫成为一处民俗文化胜景。

图 2-4　后畲临水宫石牌坊

摄影:赵金飞

图 2-5　后畲临水宫后殿

摄影:赵金飞

图 2-6　陈林李三位夫人圣像，前排为软身坐轿，后排为彩绘立身

摄影：赵金飞

附：后畲宫内对联

正门：手无利剑妖能灭
　　　心有灵丹病自消
二十四孝对联：牵肠挂肚恩何重
　　　　　　　问暖嘘寒报尚轻
上殿：水德配天海国慈航并济
　　　母仪称后桑榆俎豆重光
门联：圣德巍峨光宇宙
　　　间山妙法荫封疆

下殿：物华天宝九州共沐雨露
　　　人杰地灵四海同享甘霖
门联：千古留芳传民间佳话
　　　万世敬仰颂圣母英名

图 2-7　临水宫畲族元宵庙会

慈敬天地则风调雨顺
仁施德政可国泰民安

二、沙埕敏灶天后宫

敏灶天后宫位于福鼎市沙埕镇敏灶村五都桥澳仔里,东临一望无际的东海,与七星列岛遥遥相对,南眺台湾东引岛,北向天然良港——沙埕港。

敏灶天后宫的来历颇具传奇色彩。民国三十年(1941 年),敏灶五都桥渔民陈国鲁、蒋北古、陈位弟、林学金等七人一起出海围网,在七星岛南风澳一带捕鱼作业,在海上发现一块漂浮的妈祖木像。众人恭恭敬敬地将其安放在五都桥澳仔沙滩旁边一棵樟树之下。当夜,蒋北古在睡梦中看见妈祖降临,要求众人为其立祠祭祀。于是,几位渔民在樟树下搭起一座神龛,开始供奉天后妈祖。1952 年,在陈明紫、蒋北古等人倡议下,在神龛基础上修建了一座十多平方米的殿堂,安奉妈祖娘娘。1957 年,以蒋北古、陈章兴、陈善忠等人为首,主持了敏灶妈祖庙的扩建工程。1958 年夏秋之际,台风

图 2-8　敏灶天后宫上殿

图片来源：福鼎市道教协会

肆虐，东南沿海地区受灾严重，敏灶妈祖庙也因此损毁。① 灾后，由于现实原因的限制，信众不得不搭建一所简单的草房，作为奉祀妈祖之所。1963年，蒋北古、陈章兴、林三妹、陈善忠等人倡议筹资，重建了一座30多平方米的宫殿，安奉天后妈祖。

"文革"期间，妈祖庙破坏严重。虔诚的渔民在出海之前，仍然偷偷地举行祭拜活动，祈求妈祖庇佑航海平安，捕捞丰收。1971年，"六二五"船队老大陈增美受全体船员之托，偷偷地请来一尊神像，并重建宫庙，奉祀妈祖。

1977年以后，敏灶妈祖庙恢复活动。1978年改革开放后，党和政府落实宗教信仰自由政策，以"肖怀香"渔船为主，重建敏灶妈祖庙，在新建大殿中安奉天后妈祖、通天圣母、定风将军、伏浪将军和福德正神，香火逐渐兴旺

---

① 按：1995年版《福鼎县志》载："（1958年）9月4日，县境遭受解放后最大的台风袭击，损失惨重，全县被淹、压死32人，重伤260人，轻伤4019人，压死耕牛55头、伤115头，猪死1728只，刮倒房屋163172间，冲走木船57条。海堤崩塌，道路冲垮，水利设施破坏，良田成溪滩，毁坏农作物等不计其数。"参见卢宜忠主编：《福鼎县志》，北京：中国统计出版社，1995年，第25页。

图 2-9　敏灶天后宫下殿

摄影：聂宁杰

起来，并改名"敏灶天后宫"。

1991年至1992年间，以陈增美先生为首，广大信众捐资出力，将原来较小的泥塑神像改为较大的木质天后圣像。圣像由蒋海钰先生所雕，做工相当精致，颇能显示天后妈祖的神威。

2003年，在陈秋能、陈国珠等人主持下，重建一座单檐硬山顶制的大殿（下殿）。2005年，举行了木雕圣像开光庆典。开光庆典之前，敏灶天后宫管委会与湄洲妈祖庙董事会取得联系，篆刻了一方"湄洲分灵，天上圣母，护国庇民，灵验宝玺"的宝印。2009—2011年，在陈国珠会长主持下，新建了一座重檐歇山顶制的大殿（上殿），奉祀天后妈祖。整个殿堂的布置，完全借鉴了湄洲妈祖祖庙的格局。

敏灶天后宫的总体格局坐北朝南，壬丙兼子午，总占地面积2000多平方米，主要建筑由新殿（上殿）、旧殿（下殿）、办公楼、斋堂、生活区和妈祖亭等构成。上殿与下殿都奉祀有东南沿海四大女神：太姥娘娘、天后妈祖、临水夫人、马仙娘娘，同时还供奉有祖籍长乐专职治水的女神钱四娘。不同之处在于，上殿奉祀呼风将军和唤雨将军（俗称定风将军和伏浪将军）作为天后妈祖的护法神，而下殿则奉祀千里眼和顺风耳两尊神明。

图 2-10　敏灶天后宫祭祀庆典

自从 1941 年奉祀妈祖以来,敏灶妈祖庙(天后宫)主要由船老大负责管理,信众不时祭祀。2003 年成立敏灶天后宫管理委员会(俗称"董事会"),众推陈秋能先生任会长,副会长为陈国珠、陈国省,主理为陈汉月、陈曾增,另有理事、执事等共 18 人。第二届(2007 年),陈国珠接任会长一职,董事会成员为 24 人。第三届(2012 年)、第四届(2017 年),陈国珠连任会长,副会长为王圣贵、陈国亮、陈健雄,董事会成员分别为 23 人和 40 人。

敏灶天后宫比较传统的信俗活动是过星道场,已经连续举行了十多年,每年举行十多次,平均每个月都要举行一次,其中尤其以正月为最,往往要举行三四次。过星道场的举行日期由妈祖圣杯来决定。同时,每年农历三月二十三日妈祖圣诞,敏灶天后宫都要举行庆祝妈祖诞辰的法事道场,往往安排有妈祖出巡、保境安民的活动。冯文喜先生《妈祖信俗:渔村的一道风景》向我们介绍了福鼎妈祖庙会的祭典仪式:

福鼎妈祖庙会祭典仪式在广场上进行,它包括迎神、盥洗、上香、读祝文、行三献礼、表演"三献之舞"等,其场面庄严肃穆、古朴典雅,吸收佛道及宫廷祭典仪式的精华,融为一体,精心制作,堪称祭典之杰作。奉行春秋二祭,即每年在三月廿三日妈祖诞辰和九月初九妈祖羽化升天日。仪式开始时,将妈祖神像移到供宫前,配备二名宫侍女,手执掌扇和宫灯分立两旁。祭坛设供品,左边置"风调雨顺、国泰民安"和"弘扬妈祖文化"装饰品,右边置形象逼真的根雕艺术品,宫门正中挂"妈祖春(秋)祭典礼"。祭典承古例,设礼生二人,坛前左右分立。在三献礼中,穿插舞蹈表演。待到巡境时,仪仗队在大锣连续敲击中,各执清道旗、警跸牌、掌扇、黄伞等仪卫,簇拥着妈祖銮驾,伴着乐声,拥着彩帜,徐徐前行。队伍浩浩荡荡,銮驾所到之处,人们焚香顶礼,祈保平安。①

图 2-11 妈祖宝印,印文曰"湄洲分灵,天上圣母,护国庇民,灵验宝玺"

摄影:聂宁杰

由此可见妈祖信仰在福鼎沿海的流行情况。此外,每年正月十五日临水夫人诞辰、七月初七日太姥娘娘成道日,也会举行隆重的庆祝法事。

在文化建设方面,2016年、2017年,敏灶天后宫先后举办了两次妈祖文化节,主要内容有祭拜祈福、妈祖巡安、文艺表演等,数千名信众簇拥着妈祖和临水夫人的銮驾,打着彩旗,沿着敏灶村、敏灶湾、川石村、墩尾、敏元村等,巡安赐福。队伍绵延两公里之长,沿途各家各户都鸣放鞭炮迎接妈祖圣驾,祭拜敬香,祈求平安。妈祖文化节的举行,不但宣传了妈祖的神威,扩大了妈祖的影响,而且吸引了很多外出打拼的年轻人回归故里,凝聚了人心,发挥了重要的文化意义和社会作用。文化节期间,福建公共频道、福建经济频道、福鼎论坛等多家媒体进行了联合报道,产生较大社会影响。

在田野考察中,我们采访到许多有关敏灶妈祖显灵的故事传说。除了1941年妈祖神像要求建庙奉祀之外,真正使敏灶天后宫名声远扬的传奇故

---

① 冯文喜:《妈祖信俗:渔村的一道风景》,《福鼎周刊》2014 年 8 月 6 日第 3 版。

事发生在 1952 年。

1952 年小黄鱼汛期来临，川石村的陈明紫等人捕捞了十几担小黄鱼。因为竞争激烈，无论这些小黄鱼运往哪个市场出售，都不容易卖出好价钱。愁苦之下，陈明紫等人前来敏灶请教妈祖。妈祖指示说：明天应前往岐阳古镇卖鱼。当时，前岐镇的船坞较小，市场规模也小，故而销路不太好，好的市场一般在点头镇和白琳镇。陈明紫等人虽然心有疑惑，但还是听从了妈祖的指示。果然，第二天，前岐镇只有他们一条船来卖鱼，因而卖了个好价钱。点头、白琳等地的大市场，卖鱼的渔民很多，供大于求，价格被压得很低，许多人都赔了钱。陈明紫等人盈利后，感激于妈祖的灵验和庇佑，想要报恩，为妈祖做一些事情。陈明紫等人认为，原有的小神龛不足以与妈祖的神威相配，便与五都桥头人、船老大、众乡贤商量，发心修建一所正式的殿宇，供奉妈祖。当年，在原有神龛基础上，一座十多平方米的天后宫拔地而起。从此以后，敏灶天后宫更加神威显赫，信众云集，香火旺盛。

1957 年夏秋之交，台风肆虐，当地沿海暴风雨天气频发，渔船外出风险极大，不少地方都发生了海难。8 月 24 日下午 4 点多，村民陈善忠的一条渔船在敏灶村七星岛附近作业。突然，天色转暗，能见度极低，风大浪高，随时有翻船的危险。就在这个危急时刻，陈善忠赶忙向妈祖祈祷求救。只见一点灯笼似的红光突然出现在船头，除此之外，四下茫茫，什么也看不见。陈善忠决定跟着红光走。经过四个多小时的航行，终于到了北霜澳，安全靠岸。甫一靠岸，红光马上就消失了。为了感谢妈祖的庇佑，陈善忠回家后立即与敏灶天后宫头领讨论，倡议首捐，扩建庙宇。

1972 年农历十月初十日，村民王美兰临产时意外出现血崩。就当时的医疗条件来说，血崩几乎等同于不治。这时，一位善良的老妇人急忙跑到妈祖庙，焚香求祷。在朦胧恍惚之中，王美兰隐约看见妈祖现身，微笑着朝她看了看，随后转身离去。这时，奇迹出现了，王美兰出血居然自动止住了，母子平安，阖家人松了一口气。从此以后，王美兰发心终生服侍天后妈祖，至今仍在敏灶天后宫从事义工工作。

1998 年，陈善忠脖子上的淋巴肿大，疼痛难当，后来发展到连话都说不出来。福鼎县医院检查后认为，除了手术之外，别无他法。但是患处在脖子上，手术危险性较大。有一天，陈善忠实在疼痛难忍，就到天后宫烧香磕头，痛哭流涕。突然感召妈祖指示后门有野金针花，摘取熬汤，可以疗疾。于是就去后门寻找，果然发现一株野金针花。陈善忠摘取金针花后，拿回家，熬了热汤喝,一下子就好了。

陈善忠老先生的儿子陈国珠原来在外面做生意,较少回家。一次,妈祖通过降乩方式告诉陈善忠,希望陈国珠能够回来,为天后宫做事情。基于生意上的考虑,陈国珠先生有所迟疑。2003年农历二月二十三日是妈祖诞辰,当晚,陈国珠打"圣杯",请示妈祖自己是否加入即将成立的理事会。"圣杯"显示陈国珠必须参加,不能推脱,这才加入理事会,担任副会长一职。

2012年10月21日,一位家住敏灶的船老大,开着渔船到舟山沈家门港,收购了70吨海鲜,准备运到福州去。结果触了暗礁,渔船卡在礁石间,动弹不得。根据当日的潮水判断,随后两天都是小潮。这位船老大不得不联系渔政前来帮忙。第二天,22日,渔政派了一艘船来拉,怎么也拉不动。船老大的家人听说此事,十分焦急,就到敏灶天后宫来祈求妈祖。圣杯、印、符均显示,23日上午,渔船就能脱离暗礁。但是船老大还是联系了渔政,准备派两艘船于23日上午潮水涨满时拉船。结果,第二天,潮水还没有上涨,渔政船仍未前来,渔船就自动脱离了礁石。沈家门港一带人听闻后,都感到不可思议。

三、沙埕九使宫

九使宫位于福鼎市沙埕镇风景秀丽的狮头峰之上。沙埕港是我国东南天然良港之一。光绪年间温州候选同知朱正元《浙江沿海图说》评价沙埕港的军事价值时说道:"镇下关介闽浙之间,负山面海,形势雄盛,西面沙埕港水道深广,可泊大轮船数十号,两岸尚可择地开筑船坞,扣门两岸拱峙,关隘天然,若再守以坚台利炮,可为海军屯聚之所。"①《福鼎县乡土志》载,"福鼎滨海之处,堤岸湾环屈曲,兼多港汊。沙埕为县治海道之咽喉,三面距海,商贾辐辏"②,由此亦可见沙埕港的商业价值所在。沙埕九使宫矗立于狮头峰之上,俯视整个沙埕港。

沙埕九使宫原址在龙头笔架山上(现为福建省海事局沙埕海事处),始建年代及历史沿革不详。"抗战期间,日军侵占嵛山列岛,两次登陆袭扰沙埕",从1938年至1942年,沙埕"先后遭日机轰炸、日舰炮击达11次,居民

① 朱正元:《浙江沿海图说》,台北:成文出版社,1974年,第82页。
② 黄鼎翰总纂:《福鼎县乡土志》,"地理",福鼎市地方志编纂委员会编:《福鼎旧志集》,福州:福建人民出版社,2013年,第280页。

被炸死3人,炸伤24人,房屋被炸毁230多间"。① 笔架山上的九使宫遭受严重毁坏。"1949年国民党逃台之后,以空军飞机对大陆沿海地区进行骚扰,福鼎沙埕港首当其冲,仅1955年至1956年的两年间,就遭国民党军用飞机35批83架次的空袭。"② 九使宫被彻底炸毁,从此销声匿迹。

1976年,在原址重建一座简陋的九使宫。在重建过程中,工人们挖掘出清宣宗道光二年(1822年)的一只小石狮,一颗刻着三位广利侯王圣讳的铜印、两条石柱和一块石质横匾。其中,石柱上的楹联内容为"水报山环钟圣地,松苍竹翠净尘缘",横匾上则镌刻着"国海流膏"四个大字。大致推测,沙埕九使宫的历史当不晚于清中期。1995年,张道源、陈方连等十多位信士发起成立筹备小组,四周群众踊跃参与,台湾同胞朱建华先生、张铭烈先生等大力支持,筹资150余万元,在今址重建九使宫。1998年,九使宫重建工程完毕。2006年,"桑美"台风袭击福鼎,九使宫再次遭受严重摧毁。乡贤白锡光先生首倡,重建九使宫,形成今日的规模。

图2-12　狮头峰上九使宫

今天的沙埕九使宫整体建筑坐东朝西,主要由山门、正殿、后殿、祥和

---

① 卢宜忠主编:《福鼎县志》,北京:中国统计出版社,1995年,第251页。
② 卢宜忠主编:《福鼎县志》,北京:中国统计出版社,1995年,第250页。

图 2-13 沙埕九使宫正殿

摄影：赵金飞

亭、办公楼等建筑构成，总占地面积为 2325 平方米，建筑面积为 1000 平方米。其中，山门为重檐歇山四柱三山门形制，正对沙埕港。正殿重檐歇山顶，面阔五间，进深三间，抬斗升拱，画栋雕梁，十分精美。正中神龛奉祀三位广利侯王，左侧奉祀三位五显华光大帝，右侧奉祀白马明王、杜一文书神和杜二文书神。这些尊神均神采奕奕、威风凛凛。大殿右前有一艘神船，船身长 3.25 米，宽 1.2 米，船上桅杆三枝，中央大桅 1.8 米，上挂"蕉"字大旗，船上水手 24 位，大炮 4 门，船上物件、船内艄公、水手、茶盐油米一应俱全，船前后舱排放四枚大炮，专门派员坚守。后殿则为临水宫，重檐歇山，面阔三间，进深小三间，正中奉祀陈、林、李三位夫人粉面坐像，左右两侧暨大殿两侧奉祀着三十六奶妈彩绘立像。后殿右侧为祥和亭，重檐圆顶四柱结构。左侧为九使宫办公楼和仓库。

沙埕主要由复兴境、安连境、安康境、安平境、全福境、新乐境、兴德境和妈祖境等 8 个片区构成。沙埕九使宫当地信众也主要来自这 8 个片区，每个片区选出两名委员，组成管理委员会。管委会 16 名成员进行投票，最终选出一名会长。1995 年重建九使宫时，成立了管委会，主要由许忠成、王成法、李在成等负责宫务，是为第一届管委会。第二届管委会主要由陈方连、张道源、林之福等负责宫务。第三届管委会会长为白锡光先生，委员有林安

庆、江秀海、陈国防、刘正言、周传松、刘瑞狮、蔡子建、王为妙、颜始进、江为国、江礼炎、温怀龙等。

每年农历九月初九日为沙埕九使宫侯王千秋圣诞,沙埕人民遂将此日定为庙会之期,改革开放初期也称作"物资交流大会"。到了这一天,善男信女整身洗面,诚心诚意,来到九使宫中叩拜三位侯王和各尊神明。九使宫则预备百余桌福筵,招待十方善信。每年侯王圣诞都会演戏五天或七天,为侯王庆寿。戏台在山下,九使宫管委会组织专人在戏台正对面搭建一座小高台,两面悬挂"蕉"字大旗,前面摆上各色祭品和香烛。九月初八日夜开始演戏,当地称作"迎接戏"。九月初九日上午,艺人开始化妆彩扮,敲锣打鼓,吹箫鼓乐,浩浩荡荡前往九使宫,恭请九使侯王及众神明前来观戏。艺人在九使宫神炉前烧香参拜之后,表演一段《大八仙》,随后迎请神明移驾下山。福首们捧起金身和大炉,广大信众举着令旗彩旗,在吹鼓手奏乐之下,一路欢呼,回到戏台。然后将侯王金身和大炉安放完毕,正式开始演出。几天之后,煞戏的前一天,众人又将侯王金身和大炉照原样送回九使宫供奉安座。

每月初一、十五日,善男信女都会前来九使宫烧香点烛叩拜,正月初一日尤为热闹。每当正月初一日子时之际,九使宫钟鸣鼓响,众善信人人身着新装,手捧香烛,争先恐后,争插头炉香,以求来年平安吉庆、财源滚滚。

沙埕人十分看重正月十五日元宵节,每年都要举行隆重的巡游表演,以表达对九使侯王的崇敬和祈求一年四季平安顺利的心情。正月十二日下午,沙埕九使宫管委会统一安排,八境首事筹备三牲五果,礼聘道士诵经作法,叩拜、净身、焚香、献果,通过特定仪式,将三位侯王和五显华光大帝、陈林李三位夫人装扮一新。正月十三日下午4时左右,各境信众扛举神旗、彩旗、莲灯、火把、神轿、车鼓亭、香亭等,齐集九使宫前的埕场。一切安排就绪后,良辰吉时已到,管委会负责人一声令下,钟鼓齐鸣,火炮声、锣鼓声、欢呼声、喧闹声连成一片。在道士科仪引导下,各境福首将各尊神像安座于神轿之内,又聘请临近虎头鼻丹霖大帝和旗杆岗宫杨府上圣,一齐出巡、游境,以求"风调雨顺、国泰民安、各业兴旺、四海升平"。

根据惯例,十三日晚,巡游队伍由内向外巡行,十五日夜则由外向内巡行,美其名曰"龙虎搜",象征着去秽迎新、龙腾虎跃、四季平安。巡游队伍由两面大锣开路,随后是净水和火把,寓意扫除一切秽气,紧接着一面"蕉"字大旗随风飘扬,然后是神旗、彩旗、车鼓亭、香亭、神轿,最后是各境游行队伍,秩序井然,井井有条,在黑夜中宛如一条火龙奔腾飞跃。沿途两边则挤满了男女信众,大家焚香燃烛,诚心叩拜,以求平安福泰,心想事成。十四日夜的巡行则比较自由,各境信众在大街小巷相互穿插,追逐打闹,以示"家家安乐、户户发财、人寿年丰"。

在十五日夜出巡游行结束的时候,有一个环节最令人心动,叫作"抢佛"。在此之前,九使宫管委会准备了一顶小巧玲珑且坚固的小型神轿,将五显大帝的神像紧紧缚在神轿上。传说五显大帝三只眼,上观天庭、下察地府,能透视世间一切善恶,扫除人间一切妖魔邪气。各境选出几位年轻力壮的小伙子,头扎黄色四方巾,身穿纯色服

图 2-14 沙埕铁枝表演

装,腰系红菱,足裹壮士草履,个个威风凛凛、神气十足,在大锣声催动下,众人纷纷使出浑身解数,争先恐后去"抢佛"。某人抢到"佛"以后,在指定地点来回跑动,待其力气用尽时,另一人上去"抢佛",然后继续来回跑动。如此"抢佛",直至九使侯王预先指定次数时才停止。众人在抢跑的过程中,口中大喊"合境平安、鱼虾满载、顺风顺水、百业兴旺、人寿年丰"等吉祥字句。据说谁在"抢佛"中来回跑得次数越多,当年肯定会发大财、行大运、四季平安。"抢佛"结束后,在锣鼓和鞭炮声中,众善信恭恭敬敬地将各尊神明送回九使宫。道士诵经作法,安好神位。一切完毕后,大家才高高兴兴地回家。

沙埕春节闹元宵,除了神明出巡游境,驱邪赐福,祈求平安之外,当地民众还举行铁枝、舞狮、舞龙、大头娃等民俗表演。其中,铁枝和舞狮最具特色,深受广大群众的喜爱和赞扬,闻名于四方。近年来,沙埕镇妇女活动中心又增加了腰鼓队、秧歌队、街头曲等节目,同样受到人们的欢迎。

图 2-15　九使侯王神船

摄影：赵金飞

每年鱼汛来临之前，当地渔民还要举行神船下海仪式。其时，广大信众敲锣打鼓，来到九使宫，在法师引领下，恭请神船下海。在神船停留海上的同时，法师进行各种仪式活动，随后再将神船收回，护送到九使宫。当地渔民相信，神船顺利下海，昭示着海上作业的平安顺利。① 林启雄《端午节习俗》载，1985 年，沙埕海面漂来一艘台湾的"神船"，其样式与沙埕九使宫神船一模一样。后经沙埕渔民重新油漆后，再放入海中。② 由此可见海峡两岸海洋信俗文化的紧密联系。

蛇神崇拜是闽越重要的文化特质。九使侯王的原型为蟒蛇，"受闽越崇蛇习俗的影响，唐宋以来直至明清和近代，建蛇王庙，塑蛇神像，以香火祀之仍然在闽东地区盛行"。③ 在沙埕九使宫正殿后侧山墙上有一通石碑，记载了九使侯王的来历：

---

① 叶梅生、张先清主编：《太姥文化：文明进程与乡土记忆》，北京：商务印书馆，2016 年，第 553 页。

② 林启雄：《端午节习俗》，《福鼎文史资料》，第 21 辑，内部刊行，2002 年，第 82 页。

③ 叶梅生、张先清主编：《太姥文化：文明进程与乡土记忆》，北京：商务印书馆，2016 年，第 263 页。

相传九使侯王原籍湖广荆府洪碧县,农历九月初九日在蕉树下为母所生,故姓蕉。自幼兄弟三人受过仙人指点,能文能武,行侠仗义,兼有一颗仁慈之心,视劫富济贫、除暴安良为己任,周游天下。时当明朝万历年间,东南沿海倭寇猖狂,瘟疫流行。沙埕港得天独厚,地富物丰,更是倭寇侵占之重地,民不聊生。兄弟三人游历至此,发自爱民爱国之心,身先士卒,组织民众,抗击倭寇。平时与民同甘苦、共患难,为民驱邪除病,成了人民心中真正的神,受到万民的敬仰和爱戴。升天后,威灵显赫,破雾导航,镇风化浪,救危难于海上;驱魔除病,化凶险于须臾,屡传不鲜。本地庶民为叩酬神恩,遂建庙以奉敬之。护国佑民有功,感动上天,敕封为威烈、威显、英显三位广利侯王。

由此看来,九使侯王学道有成,在沙埕与倭寇作战,解除瘟疫之灾,受到人们的钦仰。升天之后,主要神职为保护航海,祛除疾病。这个说法与《闽都别记》所载迥异:道士刘遵礼的妹妹被蟒王拐去;遵礼学法于龙虎山,回来后杀入蛇穴,斩杀蟒王的八子;妹妹抱三子出来,请求乃兄饶恕勿杀;自云与蟒王恩爱,生育十一子,已被乃兄杀了八子,仅遗九使、十使、十一使,请求饶恕蟒王并三子。遵礼"请于天师,奏达玉帝,准其归正"。① 赵婧旸女士认为,沙埕九使侯王信仰与疍民有关。"疍民大姓'欧、连、江'在沙埕地区都有分布,在20世纪50年代'上岸'政策实施以后,三姓先后修复了族谱,并与浙江同姓连谱,欧氏还新建了祠堂并成立理事会以恢复宗族活动。九使宫的主要信众仍是'欧连江'三姓疍户,但是也拥有非疍家的信众。为九使侯王敬献供桌上以及锦旗的落款可以发现,除了以疍户为主的水生大队外,其余大队的船员、渔民也同敬祀九使侯王,以期航行平安"。② 概括而言,护佑舟航稳妥、出海顺利是沙埕九使侯王重要的神职。

1978年秋,沙埕码头运输社有艘商船,准备运货去台山岛。三位船员赵万金、陈吓东、刘吓梓趁空余时间,划着一条小船去海岛附近钓鱼。起先风平浪静,但是突然间却乌云密布,浓雾遮天,风大浪高,暴雨如泼。小船无法靠岸,只好在风浪中飘摇。三人惊慌万分,分不出东西南北。时近夜晚,情况更加糟糕,随时有生命危险。三人在船上别无他法,一心祈求九使侯王

---

① 里人何求:《闽都别记》,福州:福建人民出版社,2012年,第305页。
② 叶梅生、张先清主编:《太姥文化:文明进程与乡土记忆》,北京:商务印书馆,2016年,第265~266页。

庇佑，渡过难关。诚心所至，金石为开。突然，在风大浪高、一片漆黑的海面上出现了一盏红色灯光。三人喜出望外，便小心翼翼地驾着小船随光而行。就这样在大浪颠簸中整整地行驶了一夜，从台山走到了北霜岛。此时，天刚蒙蒙亮，三人仔细观望，原来前头领路的红光乃是一盏灯笼，上写"九使侯王"四个大字。突然，一个大浪袭来，将三人送上岛岸，小船却被海浪击个粉碎，灯笼也骤然不见了。三人跪地叩拜，感谢侯王救命之恩。当时交通不便，信息不通，第二天商船回到沙埕，告知三人失踪之事。家人痛哭流涕，却也无可奈何。不料第四天，赵万金等三人却步行安全回到家中。家人悲中转喜，听他们谈说那夜的惊险一幕，真是又惊又喜，齐声夸赞侯王恩德。第二天，三家人备上厚礼，前来沙埕九使宫烧香磕头，叩谢救命之恩。在沙埕一带，九使侯王是这片海域的守护神，这种观念已经深深印在百姓心中。只要出航发生任何不虞情况，老百姓最先祈祷求救的都是九使侯王。

图 2-16　美丽沙埕港

四、点头天一宫

　　天一宫位于福鼎市点头镇永丰下街十五都会龙境，始建于清德宗光绪年间（1875—1908）。故老相传，光绪某年，一个小香炉飞到会龙境，上面刻着"天一宫"三字，乡民由此建立了天一宫。这个小香炉至今仍存，上面还刻有"光绪五年"的字样。20世纪50年代，信众筹资，在天一宫前修建了一座大戏台。"文革"期间,天一宫被点头公社医院占据,一些老建筑遭到损毁,许多古迹也破坏严重。1987年,在乡贤董其琳先生等人带领下,筹资捐款,花费100多万元,重修天一宫。2000年,在地方政府协调下,天一宫赎回旧址。2006年,在原址上新建了一所宫殿。2009年5月,点头天一宫被确认为民间信仰场所。

1987年所建宫殿(旧殿)是砖木结构,四合"回"字形格局。门厅硬山顶,面阔三间,进深单间。进入门厅,正对天井,端立着一个大香炉。两侧是廊厅,正前是后厅(正殿)。正殿正中奉祀着杨府圣王,左右两边为土地爷和郑二相公。旧殿前为20世纪50年代所建大戏台,一度废弃,2006年重建。

穿过后门,经由一道石梯上行,就来到了新殿。新殿为歇山顶结构,面阔三间,进深三间,红顶黄墙,雕梁画栋,金碧辉煌。正中神龛供奉着三尊杨府圣王神像,神像旁边安放着写有"光绪五年"字样的小香炉,成为天一宫镇宫之宝。左侧神龛奉祀土地婆、土地公,右侧神龛为郑二相公和陈府圣王的圣像。

早在20世纪50年代,点头天一宫即成立专门的理事会,管理各项事务。董其琳先生的父亲曾经担任过首事一职。1987年重建天一宫时,新成立理事会。30年来,已历四届。现任首事为郑锤玉先生,理事会成员有20人左右。

点头天一宫的年度信俗活动主要是顺星禳关,通过法事活动,祈祷信众关煞不侵,星运顺遂。

据董其琳先生介绍,天一宫所祀杨府圣君是从浙江苍南县鲸头分灵而来。每年正月初八至初十日,点头天一宫都要组织信众前去苍南鲸头进行会灵,然后接神回到点头,举行隆重的巡境庆典,以此祈求阖境平安。每年五月十八日是杨府爷圣诞,天一宫备办几十桌酒席,庆贺诞辰。

据故老介绍,过去天一宫每年六月初六日,还举办庙会,从浙江请戏班演唱越剧,有时也会邀请木偶剧团上演《奶娘传》剧目,一般演出七天七夜,热闹非常。庙会期间,阖境村民都焚香吃素,以示对神明的敬畏之情。

图 2-17　杨府圣王圣像
摄影：金文卓

图 2-18　郑二相公（牧牛大王）
摄影：金文卓

图 2-19　点头天一宫新殿
摄影：金文卓

图 2-20　点头天一宫所藏清光绪五年香炉

摄影：金文卓

图 2-21　彩澳晏公宫正殿

摄影：赵金飞

图 2-22　晏公宫山门
摄影：赵金飞

五、前岐彩澳晏公宫

晏公宫位于福鼎市前岐镇彩澳村，距县城 15 公里，始建于明熹宗天启元年（1621 年），清仁宗嘉庆元年（1796 年）仲冬，不慎遭火焚毁，清德宗光绪三年（1877 年），村民众议，决定筹资重建，光绪六年（1880 年）秋初告完工。晏公宫历尽风雨，饱受沧桑，致使庙损神毁，面目全非。改革开放以来，党和政府落实宗教政策，晏公宫恢复活动。1993 年早春，村民共议，推举郑正谊先生为总理事，协同全体理事会同仁，通力合作，向社会各界善男信女发起捐助。1998 年 8 月，晏公宫一期工程初告完成。在 20 世纪 90 年代末，晏公宫可以说是福鼎市较具规模、各种设施完善、各项规章制度健全的民间信仰场所。

根据民间传说，彩澳以前是前岐沿海的一个渔村，这里的村民主要以打鱼讨海为生。村前渔船码头上有一口全村唯一的大水井，井里的泉水终年清澈甘甜、不溢不涸，不但全村人饮用井里的水，而且过往船只也常在这里靠岸，取水饮用。村民素来淳朴，对外地客商前来取水之举，从不阻拦，任其取用。

有一天，几艘满载财物的外地货船停泊在码头边过夜，被一伙歹徒觊觎,想谋财害命。他们知道次日船上的人会到井里挑水做饭,天刚蒙蒙亮,他们就偷偷摸摸地来到井边,准备投毒药于井。这时,正好有人来挑水,看到这一幕,情急之下,大喊一声:"你们要害死全村人吗?"说着快速冲过去,从歹徒手中抢过毒药,一下子就吞到自己肚里了。歹徒们见势不妙,拔腿就跑。村民闻讯赶来,可是这位义士已经面色发黑,毒发身亡了。他以自己的死,拯救了全村人和船上所有人的生命。但是,村民们并不认识他,也不知道他从哪里来。后来一打听才知道,原来这位义士是商船上的一名普通船员,姓晏,江西人士,但是谁也不知道叫什么名字。为了感念他对大家的救命之恩,村民就在水井旁修建了一座庙,取名"晏公宫",世世代代铭记他的恩德,逢年过节缅怀祭祀。

这口井现在依然存在,井水依然清澈甘甜。但是历经沧海桑田,彩澳人的生活面貌发生了很大的变化。20世纪70年代,前岐公社围海造田,彩澳也变成了一片农田,千百年来以打鱼讨海为生的渔民,变成了以耕作为生的农民。然而,晏公信仰仍在村民心中深深地扎根,人们仍然不忘晏公的义举,感戴晏公的恩德。①

图2-23 晏公宫内古井,晏公因保护此井而成神

摄影:赵金飞

---

① 参见夏林:《晏公和前岐的渊源》,《福鼎周刊》2012年10月12日第3版。

图 2-24　晏公宫戏台

摄影：赵金飞

图 2-25　晏公宫后殿

摄影：赵金飞

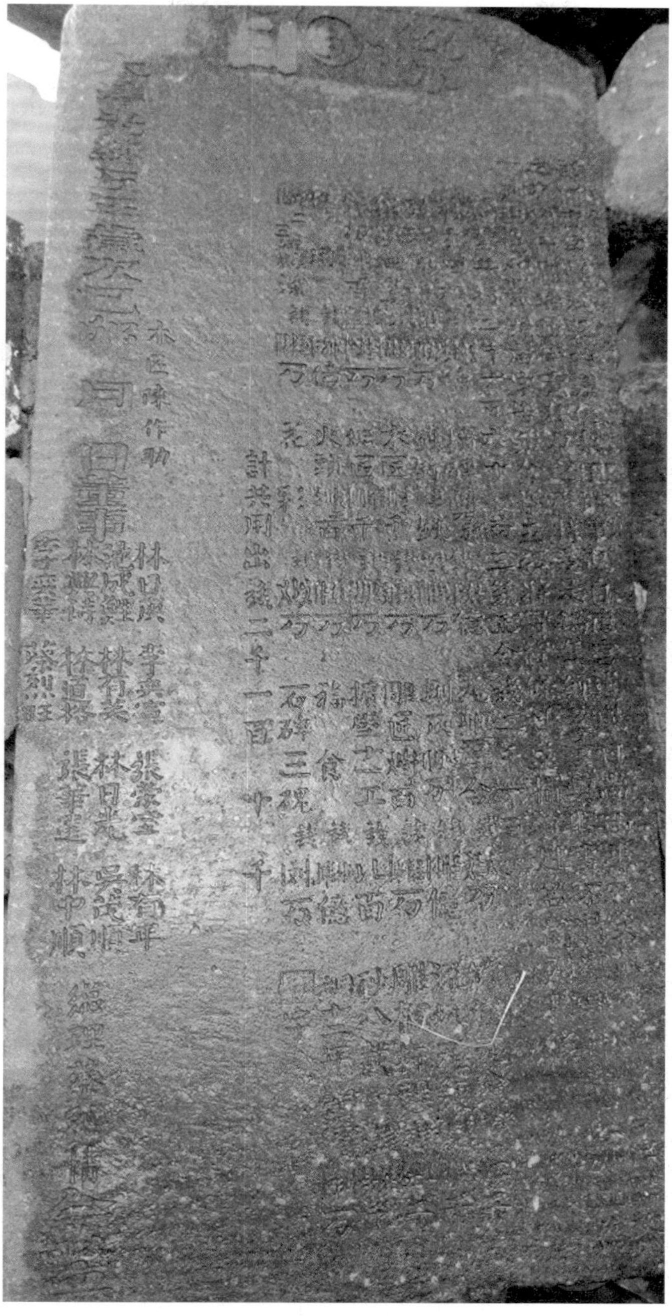

图 2-26　晏公宫所藏光绪五年青石碑

摄影：赵金飞

图 2-27　晏公宫所藏清嘉庆十三年签板
摄影：赵金飞

图 2-28　晏公元帅神龛
摄影：赵金飞

彩澳晏公宫坐西北向东南，二进四合院式格局，砖木结构建筑。通面阔38米、通进深98.7米、总面积3712.6米。晏公宫的中轴建筑主要由山门、雨坪、前殿（戏台）、前天井、正殿、后天井、后殿等组成。其中，山门为八柱三山顶形制，飞檐斗拱，雕梁绣柱，内柱楹联为"凤舞龙翔煊赫奕神威来兹驻跸，山清水秀观巍峨宝殿慰尔瞻望"，外柱楹联曰"海不扬波稳渡星槎远迩，民皆乐业遍歌神德高深"。

雨坪宽38米、长40米，中间是一条甬道，通往戏台，两边为草坪。戏台背面为殿宇格式，正对山门，重檐歇山顶，飞檐斗拱，丹楹刻桷，面阔五间，进深四间，非常雄伟。戏台正面向里，与晏公宫正殿相对。在戏台与正殿之间为宽 11.7 米、长 16 米的天井，两侧为廊厅，廊厅共有两层，一楼走廊，二楼设有雅间，供人看戏之用。

晏公宫正殿为抬梁式木构架，硬山顶，面阔七间 19.5 米、进深五间 7.5 米。大殿正中神龛奉祀显应平浪候晏公元帅，左右柱悬挂一副对联曰："望旌旗展处仗元帅洪威保国卫民驱海寇，听鼓乐鸣时仿唐皇胜事修文饰武布雄师。"左龛奉祀福德正神，右龛奉祀太姥娘娘。大殿右前方两柱之间放着一艘神船，立桅撑杆扬帆，船头、船尾几位船员正在忙碌地做着什么，彩舫门额写着"代天巡狩"，表明晏公元帅领受上天之旨，巡视海洋，庇佑海波平泰，航行安妥。

后殿重檐歇山顶，顶脊上磁贴双龙喷泉戏珠，斗拱相承，钩心斗角，飞檐反宇，高出云表，画栋飞甍，金碧辉煌。面阔大五间，三明两暗，进深四间带廊厅。正中神龛奉祀晏公元帅，左右两联曰："滔滔江河激流险滩大元帅出巡任凭你走，茫茫大海惊涛骇浪平浪王显灵随意我行。"左侧神龛奉祀太姥娘娘和福德正神，右侧神龛奉祀太白金星与将军爷。

图 2-29　晏公元帅代天巡狩的神船

摄影：赵金飞

彩澳晏公宫香火甚旺，闻名遐迩，长年香客络绎不绝，特别是每年农历六月二十四日和七月初三日,晏公宫更是热闹非凡,不但前岐许多信众赶来焚香祈福,甚至福鼎市区和其他乡镇信众也前来顶礼膜拜。

1996年,晏公宫举行了一次大型出巡盛典,整个海边巡视一天,场面十分壮观,据不完全统计,有五千信众参加晏公出巡庆典。1997年9月,晏公宫举行了隆重的"庆香港回归,祈祷风调雨顺国泰民安,世界和平大法会"。

此外,每年农历六月二十四日,晏公宫举行雷祖圣诞庙会庆典,庆贺雷祖圣诞(当地人也称晏公爷为"雷祖")。庆典从六月十八至二十四日,总共举行七天,管委会特别聘请正一法师前来做太平醮仪,祈求风调雨顺国泰民安,并请戏班唱戏,参加法事活动和观看戏曲的信众和游客往往多达两千人。晏公信仰已然成了前岐彩澳一种独特的地方民俗文化和地域文化现象。

新中国成立后,彩澳行政村被分为薛桥和彩澳两个村庄,总人口6000余人。尽管在行政区划上分为两个村庄,但是村民都信仰晏公爷,在信仰世界和民俗生活中,两个村从来都是统一的。1993年成立理事会以来,在宫务管理方面,都是民主集中,统一安排人员,一切事务井井有条。1997年,经福鼎市宗教局批准,正式成立"福鼎市前岐晏公宫管理委员会"。每届管委会成员都有六人,在每年端午节下午2点,管委会召集村民代表112人,商定六月二十四日雷祖圣诞庆典相关事务,然后用圣杯择定法师、头人等,并公开财务收支情况。这种公平公正公开的管理模式和做事风格,受到广大信众的称颂和敬佩。

郑正谊先生介绍,每年前来晏公宫许愿还愿的信客非常之多,晏公宫管委会都热情接待,周到服务。每一位信众的名字,何时、因何事而许愿,等等,都会被记录下来。到了年尾的时候,某某人来还过愿,也都会打上一个记号,表示已经还愿了。这种独特的记录方式,能让信众清晰明了地知道自己的每次许愿和还愿的经过,而且许多年过去后,当他再一次来到晏公宫时,翻开以前的记录,看到自己的信仰历程,一定会心生更多的感激和感慨。这种独特、细致而体贴的管理方式和服务模式,也是晏公宫获得成功的重要原因之一。

据了解,彩澳晏公宫管委会主任郑正谊先生自幼聪颖,为人仗义,小小年纪即在乡邻中获得很高的威望。改革开放以来,他经营副食批发生意,事业有成。1993年春天,村民众议修复晏公宫时,大家公推他为筹建庙宇的总理事。当时,郑先生的年纪还不到30岁。自1997年成立晏公宫管委会至今，郑正谊先生一直担任管委会主任。管委会建立了完善的管理制度，财务公开透明，各种事项公正公平，晏公宫的影响也越来越大。除了发挥宗教的信仰功能之外，晏公宫管委会还注重宗教的社会功能，积极参与社会上的各种扶贫帮困慈善事业，如助学养老、修桥补路等善事，也成为晏公宫的重要宫务之一。

彩澳晏公宫所祀晏公爷为不知名的江西义士，从其信仰特征来看，具有一定的水神或海神特征。查阅《三教源流搜神大全》可知，在元末明初也有一位晏公，名叫戍仔，是江西临江府清江镇人氏，他在"大元初以人才应选入官，为文锦局堂长。因病归，登舟即奄然而逝。……里人先见其畅驱道于旷野之间……启棺视之，一无所有，盖尸解云。父老知其为神，立庙祀之。有灵显于江河湖海，凡遇风波浪起，商贾叩投，即见水途安妥，舟航可稳，人物坚牢，风恬浪静，所谋顺利也。皇明洪武初诏封显应平浪侯"。① 由此可见，这位晏戍仔通过尸解而成仙，后来受到父老的祠祀，成了保护江海稳妥、航旅安全的水神。

清代赵翼《陔余丛考》卷三十五"晏公庙"称，张士诚部将占领毗陵（今江苏常州），徐达屡战不利，朱元璋亲自率领冯胜等十人前往增援。他们扮作商贾，顺流而下。途中忽然江风大作，舟船眼看就要倾覆。朱元璋惶恐万分，求神相助。忽然见到一位身着红袍的异人，挽其舟到沙滩上。随后就消失不见了。朱元璋连忙问："救我者是谁？"默然中，听到江涛中传来一句话："晏公！"

明太祖平定天下之初，为了杜绝水患，决议垒筑长江江岸。然而，不知什么原因，江岸常常崩陷。有人说这是猪婆龙（扬子鳄）在其下搜抉所致。官民不堪其扰，苦寻破解之法而不得。正在为难之际，一天，突然来了一个老渔翁，教授以烤猪作诱饵从而钩钓猪婆龙之法。众人遵照老渔翁的做法，果然钓住了猪婆龙。然则猪婆龙太重，常力难以钓捕。老渔翁说："它四足爬于地面而借土石之力。应当用瓮罩住其头顶，将钓具贯穿到底下。它必用两只前爪拒推，从而两股力并用，其足悬空，自然钓得起来了。"众人依照老翁所说去做，果然得以成功。老翁说："请告知天子，江岸可以垒成了。"众人问其名姓，老翁说姓晏，说罢就忽而不见了。此后江岸果然筑成。

① 《三教源流搜神大全》，卷三，"晏公爷爷"，西天竺藏版。

明太祖听闻此事后,猛然记起数年前解救其水难的红袍异人,认为"此翁必是当初救我于覆舟之仙也",乃于洪武元年(1368年)下诏封晏公为都督大元帅、显应平浪侯,管辖全国水域,职司平定风浪,保障江海行船,命天下建庙祀之。① 各地纷纷建庙祀奉,凡来往船家经过时,都要登岸进香祈福,以保平安。由此,晏公这个原为江西一地的江神,在明太祖的强力推行下逐渐成为具有全国性影响的水神。我们推测彩澳晏公宫所祀晏公爷可能即是《三教源流搜神大全》《陔余丛考》所载晏戍仔,未必没有可能。

六、桐山镇边三广宫

三广宫位于福鼎市桐山街道镇边村,殿堂坐东朝西,前后各有一门,后门边上有一颗三百多年的大榕树,枝繁叶茂,长势茂盛;庙宇四周一片旷野,环境幽静,交通便利。

据故老相传,三广宫始建于清仁宗嘉庆十四年(1810年),由2位高姓和一位洪姓共3位道长所建,故名"三广宫",迄今已有200多年的历史。清德宗光绪六年(1880年)新建戏台,扩建大殿的前半部分和两边厢房。大概于民国时期被学校占用,直到新中国成立后仍然如此。殿堂因年久未修,日渐破塌。1989年,在政府主管部门协调下归还庙产,管委会接管三广宫。从1994年至2015年间,在历届首事组织动员下,在管委会成员共同努力下,社会各界和广大信众纷纷捐资出力,在保留和恢复宫观原有面貌的同时,进行适当的维修葺缮工程。今天的三广宫总占地面积达3000平方米,宫内古迹多处,殿堂建筑基本保持原貌,又有百年古戏台、古榕树、古罗汉松等,庄严古朴,给人一种历史的沧桑感。

目前,王建明先生担任镇边三广宫理事会主任,高世统为副主任,委员为李发全、黄先献、王念守,常务理事有高世广、王建明、何祥鼎、欧阳斌、高世图、高世统、李步令等。

三广宫正殿供奉有华光大帝五个化身,分别为大帝萧显聪,第二大帝萧显明,第三大帝萧显正,第四大帝萧显直,第五大帝萧显德。根据道教信仰,华光大帝姓马名灵耀,又有华光尊皇、灵官马元帅、华光天王、马天君、马王、马神、水草大王、水草马明王等称呼。相传华光大帝生有三只眼,又有三眼

---

① 赵翼:《陔余丛考》,上海:商务印书馆,1957年,第774~775页。

灵光大帝的称呼，民间则有"马王爷三只眼"的说法。因为华光大帝有五个化身，故而又有五显灵官大帝之称。副将千里眼与顺风耳侍卫在五显大帝两侧。

图 2-30　镇边三广宫正殿

摄影：赵金飞

正殿左侧神龛供奉福德正神，右侧神龛为劝善大师。劝善大师旁边是牧牛大王。据三广宫首事王建明先生介绍，劝善大师为灵官大帝的师父。

正对大殿有一座古戏台，单檐歇山，斗拱雀替，雕梁画栋，甚是美观。据介绍，以前三广宫举行大型法会活动的时候，都会演戏娱神，所演戏剧主要为越剧与提线木偶戏。看戏的人们挤满了宫庙院落的各个角落。二楼设有雅座，一般为大户人家所包，可以坐在高处看戏。

2006年，超强台风"桑美"袭击福鼎，三广宫也遭受严重破坏，宫前一棵三百多年的大榕树和宫内殿堂左侧一棵三百多年的罗汉松，均遭到了袭击。其中，大榕树被彻底摧毁，管委会在原来树址上栽种了新的榕树；罗汉松损坏严重，但所幸保住了生命，并出现了一大奇观，就是从树干的空腹内长出青竹，甚是奇特。

每年农历九月二十八日为华光大帝圣诞，三广宫都会举办大型斋醮科仪法事活动，聘请当地的正一法师，连同本村的法师，一起举行祈福、平安醮

图 2-31　华光五显大帝

摄影：赵金飞

等科仪法事活动，周边各境村落的香客信众前来参拜，祈祷华光大帝保佑国泰民安、风调雨顺。

图 2-32　三广宫古戏台

摄影：赵金飞

图 2-33　三广宫罗汉松

摄影：赵金飞

附　录

关于桐山三广宫历史沿革和现状的访谈

受访人：王建民（三广宫首事）

采访者：李恩馨（浙江道教学院）

问：请问您何时来到庙里？接管负责多久了？

王：我是1992年来到庙里，刚来时候这个庙没有人管理负责，以前这里叫镇边境，现为镇边村，以前不叫村，都用"境"来称呼村落。

问：当初由何人来始建的？

王：听老人说，是两位姓高的与姓洪的三位道士云游到此地创建的，因此就叫三广宫，与三个人最初始建，集思广益创建是有关系的。

以前有碑文记述,清朝嘉庆十四年的时候;当时始建之初,门前门后各栽种了一棵榕树,现在后门的那棵还保存完好,前门的这棵在2006年8月被台风"桑美"给连根吹倒了。

问:三广宫主供的神明是哪位?历史中是否变化过?

王:主供华光五显大帝,一直未变过,光绪六年扩建两边厢房,扩建了主戏台,还有大殿的前半部分,据说最初的时候,占地面积达到3000平方米,后来被学校占用;1989年小学退出,恢复庙宇,1992年我过来参与管理,1999年正式担任领头职务;我本人也是福鼎市的政协委员。

问:是否遗留过什么文物类的东西?

王:1998年的时候,一些遗留下来的文物被别人全部拿去了,所以如今就没留下什么年代特别久远的东西了,当时在那个时代,有一个晚上,庙里所有值钱的东西都被别人盗走了,然后被拿去卖了,现在根本找不到了,很痛心;但是大殿内的柱子,木雕整体结构还是最初时候修建的,比较古老。

殿前这座很古朴的戏台,也是一种文物古迹了,当时社会,周边村民特别喜爱听戏,主要为越剧,以及提线木偶戏表演;每年的庙会就要请人来唱大戏,当时很热闹;百年古戏台很古朴,在丙申年刚进行过修缮。

我们这儿还有个舞龙队,历史悠久,作为县级的文化遗产,主要为了庙会时候演大戏,增加热闹的气氛。

原福鼎市文化馆馆长马树霞老人,经常到我这里来,他可以称之为民俗文化专家,他说想出一本关于福鼎民俗信仰和华光大帝的书,记述福鼎市具有地区性的民俗特色文化。

我们这里的建筑很古朴,富有特色,所以很多做节目的都来这里取景,比如中央电视台《远方的家》栏目组来过这里取点,前几天"海峡之声",还有福建广播电视台,还有推广福鼎白茶的纪录片,也在这取景,在这里表演提线木偶,拍摄取景。

问:本庙的组织管理人员的结构是怎样的?

王:庙里的理事很多,我是主首事,其他的都很年轻,三十岁左右的。

问:神明庆诞和其他祈福祭祀活动?

王:每年的二月初二日,是我们当地土地公的圣诞,要做祈福活动;还有九月二十八日,是华光大帝的诞辰,这个就是重要的活动了,到时候会举行很隆重的法会活动,主要进行祈福、还愿、演大戏,很热闹,看戏的人很多,附近的村民都会过来观看;当时广电那边有人整理了很多照片,有一位姓李的文化馆干部,他那边材料很多,可以电话联系一下,到时候传给你。

还有初一、十五日,很多信众来上香,过年除夕晚上人很多很多,整晚都会很多人来这里祭拜,所以我在过年那一夜几乎是不睡觉的。

问:是否举办过民俗活动?

王:现在几年,在九月九日重阳节这天,举办老人联欢节,把全村70周岁的老人都请来,举办一个老人活动娱乐的活动;我们这里被确定为当地民俗文化的重点村,村里老年协会、老年娱乐活动中心,经常周五、周六晚上的时候放映一些老电影,附近的老人一起过来看,很经典的老电影,大家都喜欢,其乐融融,满足老人的娱乐活动,都很开心。

问:您能介绍一下院落里的这棵百年罗汉树吗?

王:院落里的这棵罗汉树,在殿堂的左边,在2006年"桑美"台风过来时受影响比较严重,由于树龄年份久远,中间已经完全是空的了,很奇特,但更为神奇的是,每年都会从中间空的位置长出来一根竹子,中间长一棵,外面长一棵,百年来的奇观,很多人来这里看;从中间长出来那根竹子,成为很奇特的景观。

问:您能讲一讲做法事活动的事项吗?

王:做法事活动,首先要打鼓,老话讲击鼓请神,在古时候,鼓一抢,声音响起,村里的法师不管在多远,就赶快过来了;现在本村最有代表性的就是一位姓林的老法师了,现在都一百多岁了。村里传承下来的法师有六位,每次做法事都会参加,来做清醮、做大醮;大型的做五天,村比较大,所以做得久,小村一般做三天;全村人都会参与。

问:您能讲一下关于本庙灵验的事例吗?

王:在2006年台风桑美将要来临的时候,附近村民有一个信仰比较虔诚之人,在前一晚有一位金甲神托梦给他,说明天晚上需要避一避,可能要有大灾难发生,让你避一避。于是在第二天晚上,他就半信半疑地去了别人家里住了,当晚台风来到时候把旁边的大树连根刮倒了,正好砸在了他住的房间里,所幸人当晚不在,幸免于难。2006年那次特大台风,刮坏了很多东西,庙里四棵古老的大树,刮坏了两棵。

问:这里是否有人住庙?

王:没有人住庙,以前轮到谁做首事谁就来,旁边的厢房上面第二层也不是住的,是以前看戏的,可以称之为看戏的雅座,坐在高处看戏,比较视野开阔吧!

问：现在有什么对文物古迹做出的保护措施呢？

王：这里的一切属于整个村民的共同财产，几次想开发掉，但是由于有老戏台与古榕树、古罗汉松的缘故，一直没有开发，当时还提出价格来，八百万一分不少，一个多月谈不下来，这里的古迹文物在省文物局都挂号的，树怎么搬，戏台怎么搬，搬了就丢失了没有了，再也找不回来了，所以一定要坚持留下来。

七、秦屿天仙府聚宫

天仙府聚宫位于福鼎市秦屿镇（现为太姥山镇）寒碧山西侧的寒碧街衙门巷内，坐西朝东，背靠太姥山。

据宫内碑文所载，天仙府聚宫始建于明神宗万历年间（1573—1619），原名"同盟巷集义堂"。由于历史因素及自然灾害，集义堂遭到破坏，成为废墟。与此同时，秦屿地主宫（原址为今天太姥山镇政府所在地）、土地庙（原址在汽车站附近）、庆福宫（原址在天溪岭）、金、温王爷宫（原址在大埕境）、黑虎玄坛赵天君宫（原址在李厝）等均已不存，变成了民房区。1993年，在乡贤陈家寿、丁邦实、丁恒连、李钟、宋奕意等人牵头下，组织众理事，发动寒碧街村民捐资出力，人数达到495人，捐献神像39尊，在集义堂原址重建宫殿，把原来7个宫庙所祀神明集合到一起来，故而称作"天仙府集宫"。由于年久失修，2014年又进行重建工程，经众议，最终决定命名曰"天仙府聚宫"。

天仙府聚宫大殿重檐歇山顶，面阔三间，进深小三间，斗拱雀替，雕梁画栋。正中神龛奉祀有三列神明，后列神明依次为张王爷、荣王爷、宣王爷、宋王爷、邱王爷（从右至左，下同），中列神明依次为文王爷、严王爷、三忠王爷、朱王爷、鲍王爷，前列神明依次为八爷、铁锁、萧王爷、丁王爷、枙柳、七爷。左侧神龛亦奉祀三列神明，后列神明依次为太姥娘娘、普庵祖师、神农先帝、泗洲文佛、土地公，中列神明依次为温王爷、李王爷、金王爷，前列神明依次为进宝童郎、赵天君、招财童子。右侧神龛也奉祀有三列神明，后列神明依次为南朝王、平水王、苍龙王，中列神明依次为八部将军、宗王爷、雷王爷、肖王爷，前列神明依次为虞氏夫人、陶二府君、地主明王、王安石先生。各尊神明皆神采奕奕，祥瑞光照，保佑十方信众安康太平。

秦屿天仙府聚宫藏有一本题名《合秦各庙神位》的古册书，由一位名叫陈兴戴的老人所传，共有40多页，记录秦屿地区各境、社、里、村历史以来所祀神明名录,具有重要文物意义和历史研究价值,弥足珍贵。

图 2-34　天仙府聚宫众神明(中龛)

摄影:赵金飞

图 2-35　天仙府聚宫众神明(左龛)

摄影:赵金飞

秦屿本地有上香习俗,每逢农历初一、十五日,信众都会一大早就前来天仙府聚宫上香，凌晨3点钟左右，人数最多。秦屿附近村民也会过来朝拜神明，祈求保佑全家平安顺利，吉祥安康。

每年农历二月初二日土地爷圣诞、七月初七日太姥娘娘成道日、七月二十日宋王爷圣诞，秦屿天仙府聚宫都会举办三天法会，聘请正一派道长前来诵经作法，千余名信众参与其中，非常壮观。

图2-36　天仙府聚宫众神明（右龛）

摄影：赵金飞

图2-37　法器：蛇鞭

摄影：赵金飞

图 2-38 法器:灵剑

摄影:赵金飞

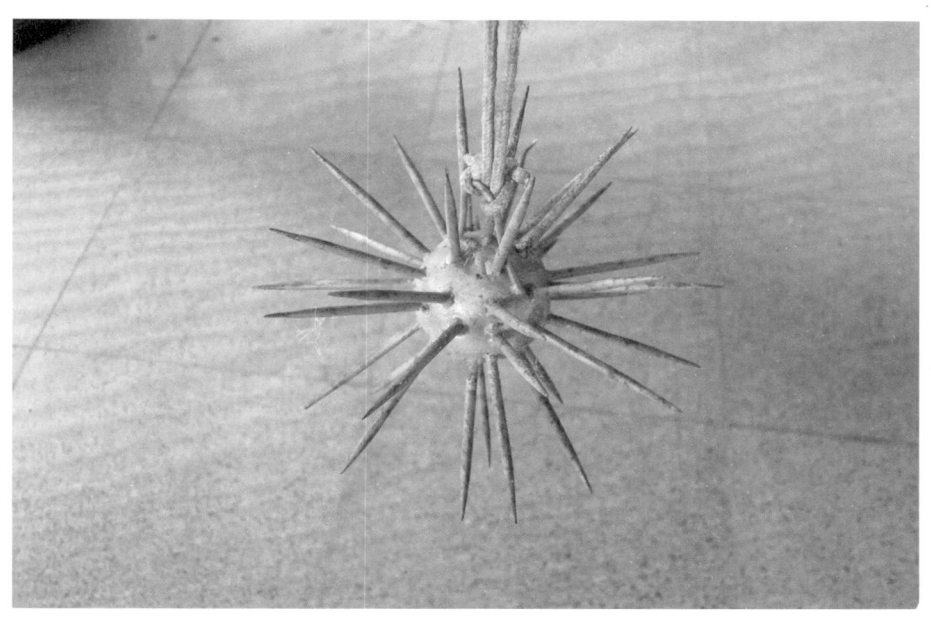

图 2-39 法器:五雷针

摄影:赵金飞

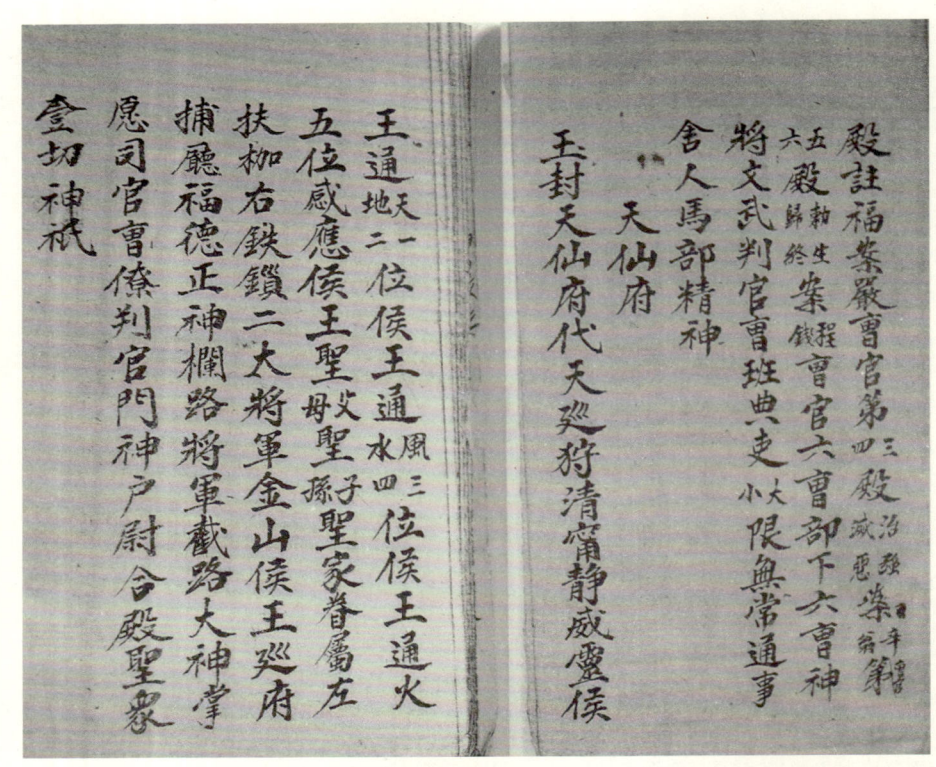

图 2-40　合秦各庙神位复印件（部分）

摄影：赵金飞

八、前岐鹿坑五显大帝宫

鹿坑五显大帝宫又名坑口宫，坐落在福鼎市前岐镇柯湾村梅湾自然村。鹿坑地处闽浙交界，北与浙江省苍南县矾山镇毗邻，背枕沙埕港，面眺狮子山，左邻前岐集镇，右挨姚家屿。姚矾公路贯穿全境，交通十分便捷。

五显大帝宫始建于清高宗乾隆二十五年（1760 年）。其时，邓国宝的三世孙邓怀兴迁徙至梅湾，计划在坑口边选地建房。一天晚上，邓怀兴梦见坑口有一大一小两只梅花鹿在溪边观赏美景，看见邓怀兴问道："这是梅湾坑口吗？"怀兴见问，答曰："是！"这时母鹿与幼鹿说道："五显灵官大帝的庙宇要坐落于此，因为这地方山清水秀，三塘归水，海面广阔，碧水涟波，真是吉地。"邓怀兴说道："我准备在此地建房安居。"两鹿曰："这是圣地，五显灵官大帝宫要建于此地，烦你另选吉地，五显大帝可保佑全境百姓人畜兴旺，五谷丰登，水土安康。"说完两鹿不见踪迹。邓怀兴醒来后，细细回想梦中之事，觉得十分神奇。第二天便与乡邻谈论此事。乡邻皆认为既然五显大帝要在此建庙宇，我们不能与神明相争，自当另选吉地，修建房舍。此事在当时家喻户晓，传为美谈。随后，境内的邓、许、陈、宋、吴等族姓倡议筹资，修建了一座长二丈六尺、宽三丈八尺的三间砖木结构大帝宫。庙内供奉五显灵官大帝、福德正神、地主爷，以及千里眼、顺风耳两位部将。

图 2-41　梅湾鹿雕

摄影：金文卓

清宣宗道光二十五年（1845年），由于久历风雨，五显大帝宫大部木材腐烂，瓦砾断裂，彩绘剥落，破旧不堪。邓姓弟子邓夫醮首倡，众乡民积极支持，进行了一次修葺。民国十九年（1930年），由于年久失修，大帝宫再次陷于塌陷危机。梅湾信士邓伦吾先生会同各村社代表集议，决定重建鹿坑五显大帝宫。这次重建工程，黄同记先生赠送正殿宅基，邓伦永、邓伦仲两位善士捐献两庙及戏台宅基。整个大帝宫由大殿、两庙、戏台、天井及大埕组成，总建筑面积由原来的 200 平方米扩大为 700 多平方米。同时，在原有神像基础上，又新添了五尊菩萨，香火十分旺盛。新中国成立初期，大帝宫被征用作为小学校舍，随后又改造成茶叶初制厂。"文革"期间，五显大帝被列为"四旧"，神像被砸，庙宇也被强行拆毁，几乎成为一片废墟。

2005 年初夏，鹿坑境信士邓义忠、邓德幸、邓义镇、邓义通、邓正千、邓正万、王永平、雷必文、曾程足、邓义旋等贤人商议重建五显灵官大帝宫，广大信众自发筹措资金，捐献土地。同年，成立筹建理事会，选举邓义忠先生为会长，理事成员 38 人。在不到一年时间内，就重建了五显大帝宫，并新祀关圣帝君和文昌帝君，以保佑阖境信士平安福泰，财源广进，文教昌明。2005 年 11 月 17 日，在筹建理事会组织下，大帝宫举行了隆重的开光庆典。

图 2-42　鹿坑五显大帝宫牌坊
摄影：聂宁杰

图 2-43　华光五显大帝圣像
摄影：聂宁杰

鹿坑大帝宫牌坊为八柱五山顶形制，飞檐斗拱，雕梁绣栋，高耸巍峨，气势雄浑。外柱内联曰"柱立乾坤八面江山终慧眼，峰连霄汉四时烟海畅道心",外联曰"千年庙灵镇宝地,三塘归水锁幽桥",中匾曰"鹿坑大帝宫";内柱内联曰"将帅无私大众进入须仔细,人生有限信士归回且消停",外联曰"威震岐疆泽雨露,德照宇宙感鸿恩",中匾曰"威震南天"。

进入牌坊后是一个广场,正对牌坊的是城楼形山门。山门共二层,第一层为城堡式三门洞穿堂(前殿),中洞较大,左右楹联曰"手执金鞭巡世界,足踏火轮定乾坤",堂额曰"威灵显赫";左洞楹联曰"通帝德乾坤悠久,用神功今古光昭",额曰"护国";右洞楹联曰"三目洞观天下事,一鞭惊醒世间人",额曰"佑民"。第二层为五山顶式楼阁,飞阁流丹,高耸清逸,丹垩彩绘,非常精美。

图 2-44　华光五显大帝立像
摄影:金文卓

穿过前殿,左右为廊厅,左边廊厅有吉祥门,通往母子鹿雕像处,右边廊厅有如意门,通往杨五公殿。宫殿中央为一个露天埕场,埕场中央树立 3.8 米高华光大帝石雕神像。

绕过大帝石雕神像即是大殿(正殿)。大殿歇山顶,面阔五间,两暗三明,进深三间(连廊厅),斗拱雀替,雕梁画栋,华图鸿构,异常壮观。正门额楣上悬挂"万福同修"横匾,横匾两端楹联曰"鹿坑妙境灵秀显身恩泽婆州惠三界,祥烟暧叇南麓化世慧照万国慈华生"。正中奉祀五显灵官华光大帝,分别为昭应灵格广济王显聪、昭烈灵护广佑王显明、昭顺灵卫广惠王显正、昭佑灵祝广泽王显直、昭利灵祝广成王显德,有安炉童子、守殿童郎服侍于两端,两位童子前面则奉祀千里眼和顺风耳两位部将。五显大帝左侧供奉文昌帝君、关圣帝君和福德正神,右侧为地主尊神、财神菩萨和牧牛大王。大殿左侧还有一艘仿制帆船,中帆下面是神楼式船舱,船头、船尾均有差役人员服务,作为大帝巡海佑航之用。

2007 年 8 月,正式成立鹿坑五显大帝宫管理委员会。同年,管委会先

图 2-45 大帝巡海神船
摄影:聂宁杰

后投入人力和资金,清理宫庙附近杂物石砖,建造鹿坑桥和梅花鹿母子台,植树栽花,美化环境。2010 年 8 月,福鼎县宗教局授予"鹿坑五显灵官大帝宫管委会"铜牌,批准大帝宫成为"福鼎民间信仰管理联系点"。目前,第五届大帝宫管委会设有会长一人,会长为林天山先生,副会长 12 人,理事 59 人,大家各司其职,互相配合,协商处理各种事务。在大帝宫管委会下面,还成立了专门的慈善救济小组,帮助贫困家庭和孤寡老人渡过难关,帮助贫困学子顺利完成学业。

　　鹿坑五显大帝宫每年都会举行一些庆典活动。从正月初六至十一日,都会聘请十多名正一派法师,开坛设醮,举办科仪法事。正月十五日则是大帝出巡日,信众用特制神船将大帝神像抬出,在附近村落及前岐镇巡行,所到之处,人们用烟花爆竹欢迎之,场面盛大,热闹非常。九月二十八日是大帝圣诞,大帝宫都会举办几十桌福酒,邀请广大信众前来用斋,同时也举行祈福法事活动,保佑风调雨顺,合境平安。

九、山前真庆宫

　　真庆宫坐落于福鼎市山前街道单斗岗之上,左依金钟山,右靠双髻山,前瞰福鼎市区,视野开阔,风景秀美。

图 2-46　山前真庆宫山门

摄影：胡明宇

山前真庆宫始建于明宪宗成化元年（1465 年），原身为桥头宫，原址坐落于今桐城溪岗桥（彩虹桥）头，坐东朝西，前后三进院落，规模较大。宫前有石碑。历明清数百年，桥头宫屡废屡兴。清文宗咸丰三年（1853 年），福鼎地震，桐城爆发山洪，桥头宫损失严重，建筑、神像、匾额、碑记等均被冲毁。① 清穆宗同治元年（1862 年），众信士重新修建。清德宗光绪三十四年（1908 年）修理一次。民国期间有过几次小型修葺，直到 1977 年才开始了重修工程。1995 年春，众信士重新修造。

2002 年，因开发福瑶新区的需要，将位于彩虹桥的桥头宫搬迁到单斗岗，予以重建。因桥头宫奉祀主神为真武大帝，通过抽签获得真武大帝的慈允，与武当天乙真庆宫、云南牛首山真庆宫相呼应，决定将桥头宫改名为真庆宫。

今址真庆宫主体建筑坐东朝西，占地面积 1830 平方米，建筑面积 887 平方米。其中，山门为四柱三山顶制，内柱楹联曰："镇武当功高仙品威扬神

---

①　1995 年版《福鼎县志》载："（咸丰三年）五月十八日起，大雨倾盆，山洪暴发，城内大水横溢，桐山街可行船。邑人溺于水、压于山崩而死者不计其数。"参见卢宜忠主编：《福鼎县志》，北京：中国统计出版社，1995 年，第 13、95 页。

州,显金身惠泽临凡护国济民。"外柱楹联曰:"玄天威灵保境安民兴福鼎,尊王神勇惩邪镇恶捍闽疆。"玄天上帝大殿采用重檐歇山顶制,飞檐斗拱,雕梁绣柱,画栋飞甍,异常雄伟;面阔五间,进深三间,砖混结构,红色琉璃瓦,斗拱和枋檩皆为和玺彩画,金碧辉煌,气势雄宏。正殿三龛,中龛正中奉祀玄天上帝(真武大帝),粉面彩绘坐像,右手执剑,左手捋须,脚踏龟蛇,神姿英武,正气凛然。玄天上帝左右分别为周公和桃花仙姑彩绘立像,周公为蓝脸红发红须神祇,身着黄袍,右手执红色令旗,十分威武;桃花仙姑绿袍红袖,执持羽扇,端庄肃穆。左龛奉祀福德正神,彩绘坐像,粉面白须,十分慈祥;右龛奉祀牧牛大王,身着红色童衫,横骑牛背,粉面童颜,童子模样,颇有童稚;神牛则通体乌黑,两眼如铜铃,面朝正门,憨态十足。根据民间说法,牧牛大

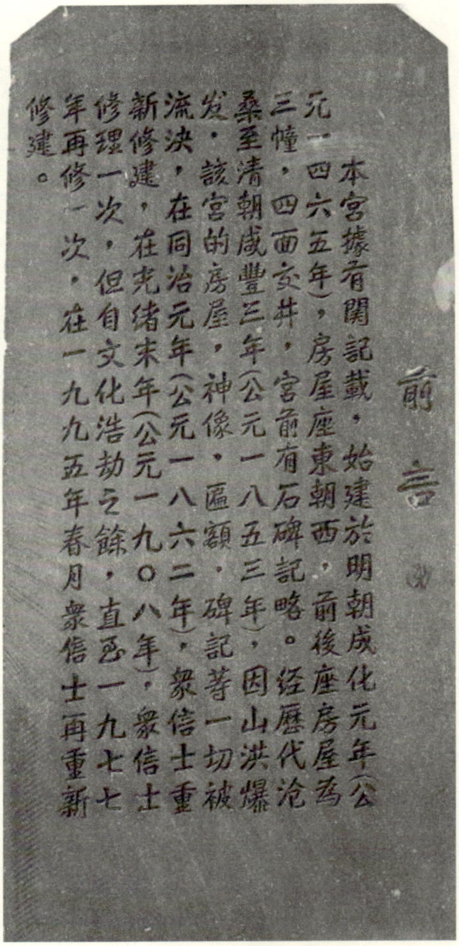

图 2-47　真庆宫碑记
摄影:胡明宇

王是马灵官的义子,是一尊保佑小孩的神灵。大殿左右两侧奉祀温、赵、康、马四大元帅彩绘立像,神态不一,均刚正不阿,威武凛然。

真武大帝大殿两侧为二层楼房,一层为斋堂和办公室,二层为丹房和资料室。出了山门,下行台阶,有一座六角攒尖凉亭。真庆宫右侧山腹还有一座殿堂,作为老年活动中心之用。殿堂与凉亭之间为一个小广场,有一座烧金箔炉。

山前真庆宫现任管委会首事人员有郑秀邦、王念雪、刘传新、董孔市、董加德等乡贤。每年农历三月初三日真武大帝诞辰,都会举行隆重的庆典法

图 2-48　真武大帝圣像

摄影：胡明宇

事,备办三十三桌酒席,邀请信众前来给大帝贺寿。

十、前岐文昌阁

文昌阁位于福鼎市前岐镇岐阳街粮站仓库后的山坡上,毗邻革命烈士纪念馆,始建于明神宗万历元年(1573年),当时仅有三座殿宇,占地面积不大。文昌帝君主管文运,是读书人崇奉的神明。嘉庆版《福鼎县志》载,清仁宗嘉庆六年(1801年),"仿照关帝庙定例,列入祀典,以二月初三日为春祭,秋祭另行择吉"①,可见文昌阁受到官府的重视,被列入官祀。

新中国成立后,前岐文昌阁依然破旧。1951年土地改革时,文昌阁建为临时区公所,人民政府曾主持过重修工程。1960年成立人民公社,作为前岐大队办公室,文昌阁又得以重修。"文革"期间,破旧立新,文昌阁被作为养猪场。随后,庙宇倒塌,杂草丛生,变成了垃圾场,只存一棵100多年的老榕树。2002年,在广大信众的支持下,启动重建工程。2007年重新修葺。

---

① 谭抡纂修:《福鼎县志》(嘉庆十一年本),台北:成文出版社,1974年,第456页。

前岐文昌阁主要由主殿、配殿、仓库等构成，均是单檐硬山顶制，整体建筑坐东朝西，寅申向。主殿面阔三间，进深两间，门楹共有三联，内联曰"镇新宫威灵显赫，出宝殿佑吾黎民"，中联曰"足据鳌头探尽湖海经赋，笔冲寺柄转移天地文章"，外联曰"众庙无名是谓玄之帝，群魔有尽乃见武之真"，主要描述了文昌帝君和玄天上帝的神职神威。大殿正中奉祀文昌帝君，后面奉祀慈航天尊观音大士，前面则有魁星；文昌帝君左边依次供奉孔圣先师、仓颉先师和福德正神，其右边依次供奉玄天上帝、关圣帝君和太姥娘娘等神祇。其中，仓颉先师长有四只眼睛，肩披蓑衣，造型比较独特。

配殿为法师宫，位于主殿右边，奉祀清朝时期法力高强的闾山派陈法师公和林氏法妈。陈师公和林法妈在前岐一带做法驱邪，解除民人苦难，故而建庙以祀之。法师宫的一副对联表达了信众对两位法师的敬戴："陈法师现出闾山真妙法，林法妈传来玉册旧罡符。"

图 2-49　前岐文昌阁所祀陈法师公
摄影：聂宁杰

前岐文昌阁管委会成员主要有欧后法、林元英、陈尚万、林敬哨、林贵殿等，主持日常工作。每年二月初三日文昌诞都会举行隆重的道场法会，邀请正一派文教武科法师前来诵经作法，请神出巡。每次活动连续三天，往往有上千人参加，场面盛大，热闹非凡。每年6、7月中考、高考时节，前岐本地、福鼎境内其他乡镇、福州、厦门甚至浙江等地,都有信士前来祭拜,祈求子弟读书顺利,考试得中。

前岐文昌阁是福鼎市红色革命教育基地。民国三十五年(1946年)春,国民党发动全面内战,反动势力十分嚣张。4月13日晚,前岐中心小学反动教师王相钦毒打进步学生邓德孝。当晚,进步教师李永恩(福鼎佳阳国洋村人)、陈敬仪组织学生陈计堂、李振钦等在文昌阁举行秘密会议,拟于翌日(14日)惩处王相钦,15日举行全校总罢课。学校决定开除陈计堂、李振钦等学生,解聘李永恩等教师,由此引发学潮,事情闹到福鼎县党部和教育局,局势不可收拾。县党部和教育局迫于形势,不得不恢复了几位学生的学籍,开除几位反动教师,前岐进步势力获得巨大胜利。

十一、管阳金峰宫

金峰宫位于福鼎市管阳镇张边村。宋末元初,张氏家族在道路旁边修建了一个长亭,名为金峰亭,以供路人休息解乏。后来,五世祖张进公在金峰亭中奉祀了三尊石像,分别为慈航真人、玄天真武大帝和泗洲文佛。此后,金峰亭又被人们称为石佛亭、石佛宫。清穆宗同治九年(1870年)九月重新修建,将亭子改建为三间砖木结构的殿堂,始改为今名。清末、民国年间,金峰宫受到一定损坏。"文革"时期破坏更为严重,三尊神像被砸损,宫观建筑仅存残垣断壁。1977年前后,在张德术、张步达、张步彭、张步明、张宗应、张德修等六位首事的带领下,村民自筹资金,重建了一座面阔五间的金峰宫(下殿)。1989年至1990年,村民集资修建金峰桥。1995年前后新建砖木结构的宿舍和厨房各一座。1997年至1999年,建起一座飞檐斗拱、琉璃瓦栋、双龙对珠的观音阁(上殿)。2001年,在沈海复线高速旁新建一座六角石亭,名为香溪亭。2009年至2010年,拓宽下埕,以缓解停车、放炮、烧香等难题,始形成今日的规模。

金峰宫整体建筑坐西朝东,主要由金峰桥、山门、金峰宫、观音阁、丹房、斋堂等构成,总占地面积5000多平方米,建筑面积为1200平方米。其中,金峰桥是一座石砌单拱桥,单拱桥身上又有6个拱洞,在构造形式上与著名的赵州桥相同,灵巧轻便,古朴大方。金峰桥东西向横跨晏溪,连接南北走向的807乡道,沈海复线高速高架桥又横跨晏溪和金峰桥,沿着西北—东南方向通往远方。缓步走过金峰桥,左转南行20米即是山门。山门在倒元宝形台阶之上,小三山顶,额曰"金峰宫"。

图 2-50　管阳金峰宫全景
摄影：聂宁杰

图 2-51　金峰宫山门
摄影：聂宁杰

图 2-52　金峰宫上殿（观音阁）与下殿

摄影：聂宁杰

穿过山门是一个埕场，一座香炉安置于埕场中央。与山门正对是金峰宫（下殿）。金峰宫为砖木结构硬山顶，面阔小五间，进深小四间。正中神龛奉祀观音大士、玄天上帝和普庵和尚。左侧神龛供奉三官大帝、土地等四尊神明，右侧神龛奉祀七尊王爷神像。

金峰宫左边上行台阶通往观音阁（上殿）。观音阁重檐歇山，面阔大三间，进深两间，飞檐斗拱，雕梁画栋，十分雄伟，主祀慈航天尊观音大士。金峰宫右边则连接二层楼建筑，为接待室、办公室、丹房和斋堂。

从 1995 年起，金峰宫安排有固定的先生、煮饭人员和值班人员，管理日常事务。值班人员都是从村民中挑选出来的热心人士，轮流前来，参与宫务。理事会首事往往由张氏族长兼任，任期一般为 1～2 年。首事的初选及改选必须通过全村各家各户投票，票数多者当选。首事选出来后，成立理事会班子暨会计、出纳各 1 名。理事会成立后，严格控制经费开支，不管什么报销凭证，都需会长、经手人、证明人联合签字，才能报销入账。如有重大开支（500 元以上者），需预先通过理事会成员研究决定，才能安排。在诸如修桥、做路、助学、助残、救灾等公益慈善事业方面的开支，亦须经过理事会议决。

金峰宫的年度活动主要是每年农历二月十九日慈航天尊观音大士诞辰

和六月十九日观音得道的庆祝法会。期间,张氏族人都会前来焚香叩拜,祭祀庆贺。在管阳一带做茶叶生意的商人,以及附近村落的信众,也会参加庆典法会。除此之外,每逢初一、十五日,经常有老年人前来焚香磕头,祈祷外出的家人平安幸福。2015 年,管阳金峰宫被确定为"第四批省民间信仰活动场所联系点"。

十二、黄岐妈祖宫

黄岐妈祖宫又名西山天后宫,位于福鼎市沙埕镇黄岐村(新六都金沙境),左侧是著名的沙埕港,右侧是"海上仙都"太姥山。明何乔远《闽书》记载,"黄崎山,穷海也,有屏风山为障,又有文星明山。朱子避伪学禁到此止焉,作《中庸·序》于民家,乡僻无纸,写序于屏后,异入州库"。①

图 2-53　黄岐妈祖宫正殿
摄影:聂宁杰

黄岐村很早就是人文荟萃之地,据故老相传,黄岐妈祖宫始建于明神宗

---

① 何乔远:《闽书》,卷三〇,《方域志》,明崇祯刻本。

万历年间（1573—1619），至今已有500多年历史。庙碑记载，清宣宗道光十年（1830年）曾经有过重建之举，推测在道光十年（1830年）前，一度破旧。清末民国时期，再次遭受破坏。1962年1月，首事王礼村、姚大玉发动村民修缮。"文革"期间又遭受破坏。1981年至1996年，信众先后多次修缮，始成规模。1997年，福鼎市宗教局正式批准黄岐妈祖宫为开放场所，并登记注册。2006年至2008年，在理事会主持下，两次重修宫殿屋顶琉璃瓦。2010年于天后宫右侧前新建一座四溜两层楼房，作为食宿之用。

故老相传，明神宗万历年间，广利侯王的香炉从远处飞来黄岐村。村民不敢怠慢，修建了一座简单的神龛供奉。明熹宗天启年间（1621—1627），有一年农历七月初八日，村民惊奇地发现在广利侯王神龛旁边又多了一个香炉。后来，多户村民自述湄洲妈祖在夜间梦境中造访，表明这个香炉是妈祖的，希望得到村人的祭祀。村民们于是将妈祖娘娘与广利侯王一起供奉在神龛中。然而，到了清末，广利侯王的香炉却又飞走了。通过扶乩知晓，由于一个娘娘和一个将军同处一座神龛，共同接受祭奉，影响不好，故而，广利侯王将神龛让给了妈祖，自己的香炉则飞到了后澳村。后澳村民知道这是广利侯王的香炉，就建了一座庙供奉她。奇怪的是，广利侯王移驾之后，黄岐妈祖神龛处又飞来一个香炉，乃是福州古田临水正宫陈夫人神迹。原来本宫妈祖娘娘颇觉孤寂，故而又邀请临水夫人通天圣母前来做伴，共同庇护黄岐。

黄岐妈祖宫现存一通道光十三年（1833年）石碑，大致记录天上圣母和广利侯王的香灯供应原来主要依靠村民卖米钱款和管宫诸老纳完税款后的节余支应，福建省汀州府永定县廖氏家眷乃将原置水田界至收入租谷连同水田捐与妈祖宫，作为永远的香灯钱之供。官府勒石告民，以示纪念。

"文革"期间，黄岐妈祖宫所有的神像被砸毁。此后，黄岐妈祖宫成为生产大队的仓库，一直到改革开放以后，才逐渐得到修葺，恢复了祭拜活动。

黄岐妈祖宫整体建筑坐东北朝西南（寅申向兼艮坤），主要由大殿、廊厅、戏台、天井、厢房、接待室、仓库等构成，保留着明清建筑风格，总建筑面积300多平方米。大殿单层硬山顶式，面朝大海，内部构造四柱支撑六角藻井，以五层斗拱装嵌，间隙彩绘八仙过海的图画。四柱楹联为"天后垂慈能消三灾并八难，仙娘涵育茂迎百福与千祥"，"水德配天海国慈帆并济，母仪称后桑榆俎豆重光"。正中神龛五边形，眉顶四层绦环板雕技，左右悬龙，神龛整体为深浮雕、浅浮雕、镂空雕等多种手法。装饰图案有花鸟、葡萄树、牡

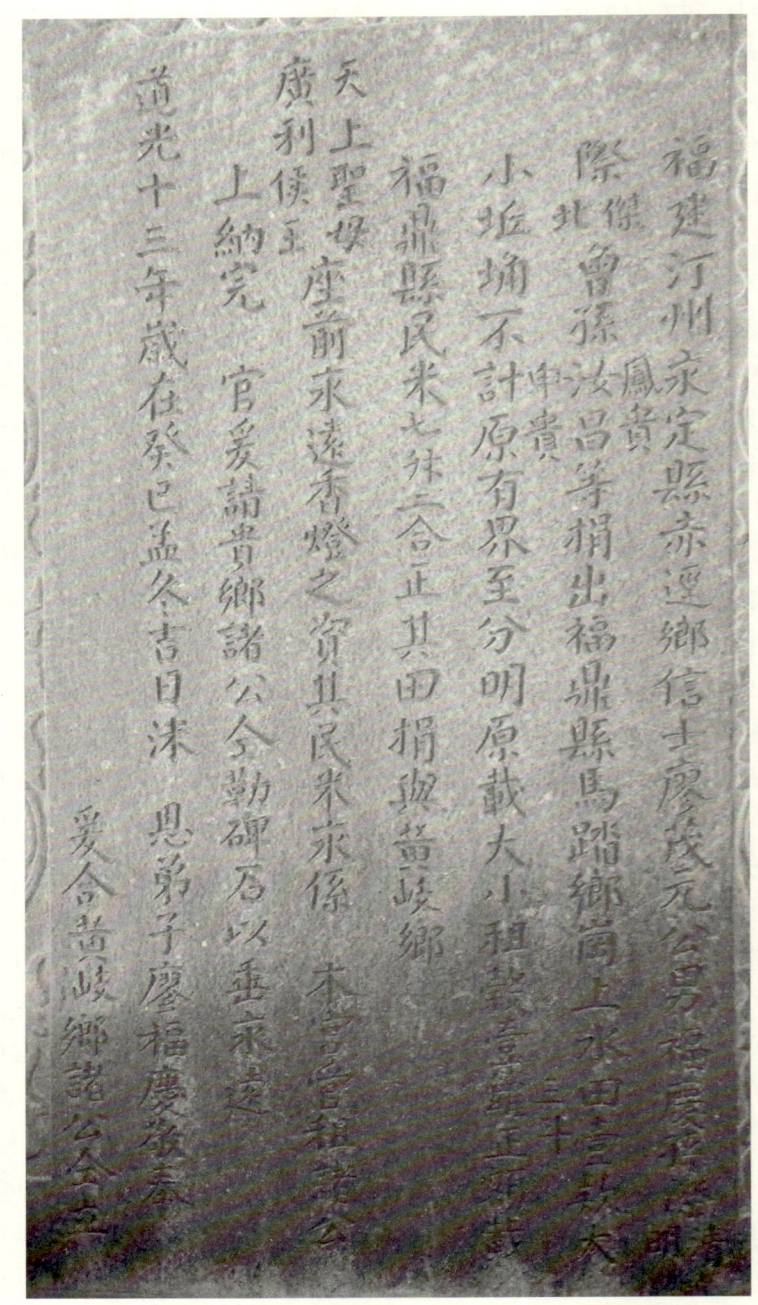

图 2-54 黄岐妈祖宫所藏清道光十三年石碑

摄影：聂宁杰

丹、芍药、兰花等衬托，正中主祀天后妈祖娘娘，两旁附祀陈、李夫人、舍人、府君以及仕女。左右神龛绦环板，对称镂空雕刻葡萄树，眉顶为三层环板雕技。其中，左侧神龛为土地爷，右侧神龛为通天圣母临水夫人。右墙边又增加一个小神龛，供奉探花府元帅、催生娘娘、魁星、郑二相公、牧牛大王。神龛前方左右奉祀定风大将、喝浪将军、王将军、杨将军等立像。

黄岐妈祖宫成立理事会，本届理事长为张良汤先生。黄岐妈祖宫十分热心对外交流，每年都会派人前往湄洲妈祖祖庙进行祭拜，参加祖庙的妈祖文化论

图 2-55　妈祖宫所藏"湄洲妈祖分灵黄岐护国庇民灵宝符笺"宝玺

摄影：聂宁杰

坛和湄洲文化旅游节。湄洲妈祖祖庙也承认黄岐妈祖宫为祖庙的分灵宫庙，并复刻了乾隆时期的圣旨，祺放于黄岐妈祖宫，以供信众和香客瞻仰。黄岐妈祖宫还经常参加古田临水夫人祖庙的文化活动。在湄洲妈祖祖庙和古田临水夫人祖庙印可下，黄岐妈祖宫还制作了妈祖和临水夫人的宝印，供奉在神像下面，以此增强黄岐妈祖和临水夫人的神威。

每年正月初十至十五日，信众抬出妈祖銮驾，巡行村内各处，庇佑阖境平安。元宵佳节晚上举办灯会，信众也将临水夫人神像一并抬出巡游。其时，鸣锣开道，彩旗、蜈蚣旗、头牌、香亭、銮驾、吹班、八仙等十八般仪仗随行，热闹非常。

在 2014 年和 2015 年的正月初五日，黄岐妈祖宫举办了"百家宴"，共办百桌酒席。信众从四面八方赶来，不仅有本地村民，还有福州、厦门、广州以及港澳台同胞等几百人。每有远方客人来临，军鼓队、台鼓队奏乐相迎。众香客参拜妈祖娘娘和通天圣母之后，开始酒席，场面十分壮观。

每年三月二十三日卯时，黄岐妈祖宫都要举行"妈祖出巡"活动。妈祖宫统一备办猪头、全鸡、六斋五果等福食，祭祀妈祖娘娘。当日中午，举办

"圣母宴",广大信众前来赴宴,庆祝妈祖诞辰。2016年妈祖出巡,吸引当地和其他地方近千人参加,场面十分盛大,《八闽新风采》栏目组来到黄岐,进行拍摄采访。

元宵灯会、临水夫人出巡和妈祖出巡,黄岐妈祖宫都会表演铁枝。沙埕铁枝俗称"杠""阁",清高宗乾隆十一年(1746年),刘氏家族从泉州永春迁徙至沙埕,"他们遵从祖先的习俗,一般在节日、庆典、神诞、庙会时举行搬铁枝"。① 2007年,沙埕铁枝被列入福建省第二批非物质文化遗产名录,2008年入选第二批国家级非物质文化遗产名录。

此外,尽管广利侯王移驾于后澳村九使庙,但信众仍然将黄岐妈祖宫视为广利侯王祖殿。每年农历六月初六日,广利侯王圣驾都要回黄岐妈祖宫住上三日。黄岐妈祖宫信众为表示欢迎,在初六至初九日演戏三天,与神同乐。

据说,过去每年九月初九日,广利侯王乘舆出巡,身穿彩色服装,戴着面具,俗名"打八将"的仪仗队高举战旗,鸣锣开道。其时,有人装扮成黑白无常、阴差衙役,手拿铁链,押解着一干"囚犯"随行。这些"囚犯"大多为身患重病而无法痊愈的信众,他们在广利侯王座下忏悔,甘愿以"囚犯"之名谢罪,以求广利侯王赦过解厄,使其疾病得以痊愈。每次巡游,广利侯王銮驾也要巡行至黄岐妈祖宫,妈祖宫予以接待。随后,侯王銮驾回到后澳九使庙,"囚犯们"在庙内摆下福醴三牲,祭祀侯王,恳求赦免。侯王允怀,方才解除其枷锁。这种风俗流传已久,直到"文革"时期停止活动,后来也就没有恢复。

十三、山前三官堂

三官堂源自河北云台山,原名"三元院",始建于明代。《桐山高氏宗谱》记载明清易代之际,福安进士刘仲藻曾带兵来桐山,"驻扎三官堂前旷地",与清兵对抗。② 民国二十六年(1937年)成立福鼎县卫生院(今福鼎市医院),原址设在三官堂。③ 此后很长一段时间,医院与祭祀活动各行其是,并

---

① 白荣敏:《"福鼎史话"之九十二:沙埕铁枝 中华一绝》,《福鼎周刊》2014年4月23日第3版。
② 参见《桐山高氏宗谱》,清宣统辛亥年(1911年)刊本。
③ 林守无主编:《福鼎县志》,福州:海风出版社,2003年,第20页。

行不悖。"文革"期间,祭祀活动一度中止。1982年,由于市政建设和社会需求,市医院计划扩大规模。在政府部门协调下,由陈爱先、江祥恩、黄金枝等村民主持,将三官堂迁建于今址——福鼎市山前街道二巷83号。这里依山傍水,风景独特。据三官堂前首事江绍财先生介绍,此地土名叫做牛头湾,因为形似一个牛头。附近有王厝、江厝、后胆等三个村民小组。旁边有一座年代久远的佛塔,据说是一座公塔,与昭明寺的母塔相互照应。三官堂搬迁以后,村民虔心供奉,香火格外旺盛。

图 2-56　山前三官堂大殿
摄影:金文卓

　　1982年三官堂搬迁初建时,殿堂建筑为木质结构,经多年风雨洗礼,甚为破旧,再加上电路老化,形同危房。2009年5月,三官堂发生一次意外失火,殿堂结构严重破损,文物毁灭殆尽。同年,在江绍财等人带领下,善男信女自发筹资100多万元,进行重建工程,新修三官大殿,新塑神像。

　　新建三官大殿为重檐歇山式结构,面阔五间,进深三间,雕梁画栋,金碧辉煌。进入大殿,前面一副对联为"诚周万象天地水一炁环生,职半六官上中下三元普利",后面一对联为"辅天地学永卫赫赫恩被六合,握乾坤司钦泣昭昭灵位九霄",两侧的对联为"正气调元天地人同归掌握,存神过化上中下统属骈蠓"。墙壁上所绘山水鸟画,十分精致,出自福鼎名家之手。

大殿正中神龛供奉天、地、水三官大帝，每尊大帝神像的两边各雕刻一只盘龙，各神设香炉一尊。三官神像的左侧供奉福德正神（土地公），右侧供奉马王爷。据江绍财先生介绍，山前三官堂早先供奉三官大帝、马王爷、福德正神（土地神）、达摩祖师和地藏王菩萨等七尊神像。2009年重建时，将达摩祖师和地藏王菩萨请回寺庙。

山前三官堂现有建筑仅为三官大殿，外加一个地下室，目前作为斋堂和丹房之用。据江绍财先生介绍，他打算在地下室上面再建一栋两层楼房，作为办公室、接待室及善男信女的丹房之用。

2009年6月，山前三官堂被确定为民间信仰活动场所试点单位。三官堂目前尚未成立统一性的管委会机构，早年都由江绍财先生负责管理。江先生介绍说，三官堂目前的性质，属于当地的公共机构和慈善机构，村民或者信众都会自发前来管理事务，每次活动，许多信众都会自发前来充当义工。

每年正月十五、七月十五、十月十五日为三官大帝神诞日。在此期间，山前三官堂都会邀请6～8位法师前来作法祈福。每次祈福法事活动，大约有300名福首参加。这些福首大多来自其他地方，本县市的善士较少。三天法事期间，众善士坚持每天吃斋。第三天（十五日）中午，三官堂备办15～20桌素食酒席，邀请众善士一同吃斋。饭后，给每位福首分发一个福头红包，寓意平安有福。随后，众福首轮流抽签，抽中"总理"的福首，可将三官堂的香炉请回家中，以求合家平安。

十四、上庵城隍庙

城隍庙位于福鼎市桐城街道石湖社区上庵村，始建于清高宗乾隆四年（1739年），由福鼎县首任县令傅维祖在芦门巡司公所基础上所建。① 城隍庙原址位于福鼎市区十字街（安平社，今文化馆），清文宗咸丰十一年（1861年）、同治元年（1862年）之际，金钱会起义，三次攻破福鼎县城，"劫军局，取

---

① 参见谭抡纂修：《福鼎县志》（嘉庆十一年本），卷四，《坛庙》，台北：成文出版社，1974年，第455页。

图 2-57　上庵城隍庙山门

摄影：赵金飞

库银，开禁门，出死囚"，城隍庙遭到毁坏。① 清穆宗同治四年（1865 年），县令陈培桂主持重建，并有碑文留世。民国二十五年（1936 年），福鼎县民众教育馆成立，馆址设在县城城隍庙。② 民国二十九年（1940 年），福鼎县图书馆也迁移至城隍庙。③ 民国三十一年（1942 年），在乡贤主持下，将城隍庙搬迁于上庵地主宫（今址）。1961 年，信众捐资修葺一新。"文革"时期破坏严重，改革开放以后恢复活动。2005 年，信众捐资，重新修葺。

上庵地主宫始建年代不详，嘉庆版《福鼎县志》载："上庵山，巅有庵址，故名。南曰槛下山，麓有岩，谽谺如狮口，潮落则见。"④ 由此可知，"上庵"之得名与山巅之地主宫有关，地主宫当不晚于清仁宗嘉庆十一年（1806 年）。

---

① 按：1995 年版《福鼎县志》载，咸丰十一年（1861 年），金钱会在浙江平阳钱仓镇起义，福鼎白琳、桐山、茗洋等地群众响应，三次攻破福鼎县城。后为闽安总兵秦如虎率部用洋枪击退。参见卢宜忠主编：《福鼎县志》，北京：中国统计出版社，1995 年，第 13、243～244 页。

② 林守无主编：《福鼎县志》，福州：海风出版社，2003 年，第 709 页。

③ 林守无主编：《福鼎县志》，福州：海风出版社，2003 年，第 729 页。

④ 谭抡纂修：《福鼎县志》（嘉庆十一年本），卷二，《山川》，台北：成文出版社，1974 年，第 124 页。

图 2-58　上庵城隍庙正殿
摄影：赵金飞

图 2-59　长生堂八谷神将
摄影：赵金飞

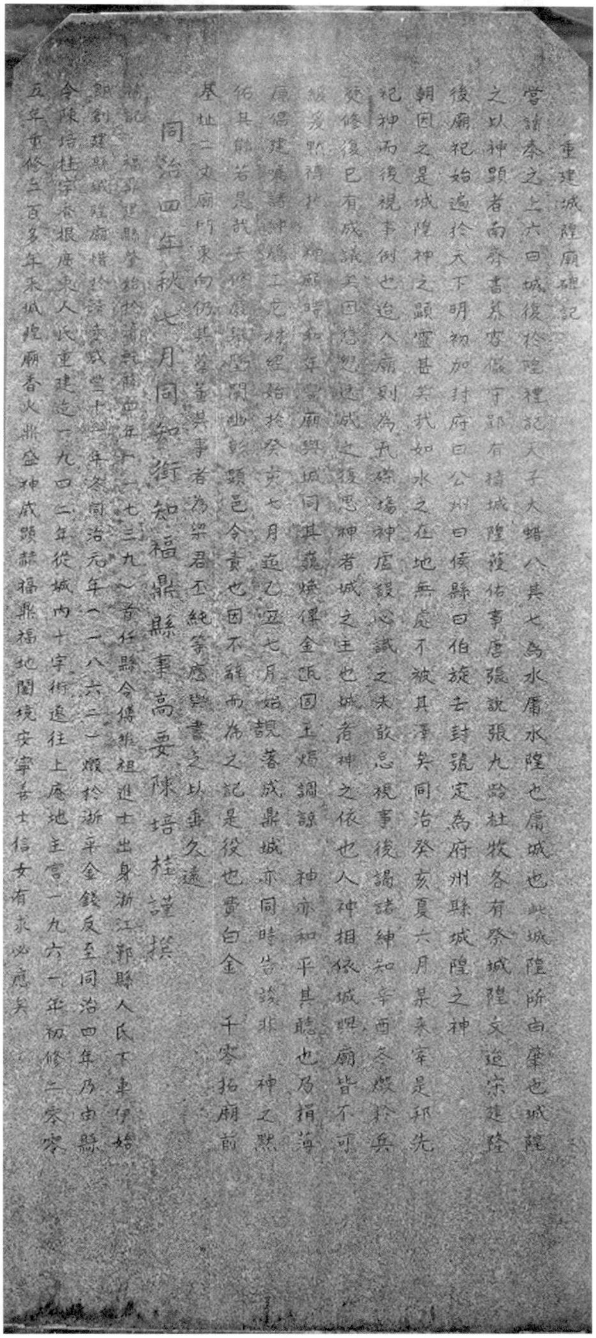

图 2-60　重修城隍庙碑记

摄影：赵金飞

上庵山麓有石湖桥，嘉庆版《福鼎县志》载，"旧为木梁，后人易以石，旁翼扶栏，长八丈，阔一丈，高二丈"，并推测可能与王仙源造桥有关。"成化元年，玉塘夏荣重修；十六年，里人高宏重建屋九间。乾隆十六年，夏勋倡募重修"。① 石湖桥是否与上庵地主宫有关，则不得而知。

上庵城隍庙主体建筑坐北朝南，主要由山门、正殿、配殿、丹房和斋堂等构成，总占地面积为 1300 平方米。其中，山门为四柱三山顶形制，飞檐斗拱，雕梁绣栋，十分精美。内柱楹联曰："龙山建秀园城圣呈五福，庙宇迁胜地隍恩沛四民。"外柱楹联曰："神显千秋同日月，泽流万古镇乾坤。"既叙述了上庵城隍庙的搬迁历史，又表达了信众的美好心愿。正殿为歇山顶建筑，面阔三间，进深三间，廊柱内联曰："城门弘开灵光永耀凡座界，隍法大展道日长辉宇宙中。"外联曰："庙貌仰巍峨轮奂长新垂万世，神灵昭赫濯蒸尝不替永千秋。"里联曰："城圣庥民敷有域，隍神护鼎惠无疆。"

正殿正中神龛奉祀城隍爷，左右为文书和判官，左侧神龛奉祀一尊文官和土地爷，右侧神龛奉祀另一尊文官神像和牧牛大王。正殿左边神龛奉祀长生堂八谷，右边神龛奉祀长生堂七谷。配殿在正殿的后面，奉祀城隍爷的夫人——炉宝奶奶。当地人祈求子嗣，或者遇到小孩子受惊夜哭，都要前来膜拜炉宝奶奶。

在历史上，城隍庙属于"官祀"性质，官府试图借助于城隍信仰而教化民众忠孝和睦，守法为善，同时以城隍之名从事社会安抚、慈善福利等事业。县令上任伊始，必须到城隍庙进行参拜。每年春秋二祭，县令都要主持祭典，并宣读祭文。时至今日，上庵城隍庙仍然通过各种活动，发挥城隍信仰的教化和慈善作用。

上庵城隍庙管理委员会前主任为张局团先生。2017 年换届，通过民主选举，推选黄益恒先生为现任主任，副主任为林奶果先生。根据管理条例，委员会的职责是安排主持城隍庙的一切相关活动。

上庵城隍庙主要活动有：(1) 七月二十三日至二十九日为地藏王菩萨的圣诞，做超度法会，需要巡游七天；(2) 城隍巡游，日期不定，大多在四月份，大型活动需要出巡，场面很宏大，覆盖整个福鼎城区，每次活动均有上千人参加；(3) 城隍爷圣诞日，一般在五月初十日或十一日举行，每次做五天法事

---

① 谭抡纂修：《福鼎县志》（嘉庆十一年本），卷二，《水利志》，台北：成文出版社，1974 年，第 187~188 页。

活动,往往举行出巡,信众虔诚地抬着城隍爷巡视十方,聘请法师前来做道场,每天都会有几百人参与巡游。此外,每年正月,上庵城隍庙都会举行隆重的祈福活动,一般做半个月,从正月初一日开始,一直做到正月十五日元宵节过后方才结束,祈福期间,香客信众纷纷前来烧香跪拜,文教武科诵经作法,热闹非常。

上庵城隍庙还十分重视社会公益慈善事业,协助福鼎市道教协会捐资助款,资助贫困学生和孤寡老人,在2008年四川汶川地震等大型自然灾害中,也踊跃乐捐。

十五、前岐妈祖宫

图 2-61　前岐妈祖宫山门
摄影:林海云

图 2-62　前岐妈祖宫正殿
摄影:林海云

前岐妈祖宫又称"天后宫",坐落在福鼎市前岐镇海尾。前岐古称"福东",因境内前岐山而得名,别名"岐阳"。岐阳有一条古街,分为上街、中街、下街,上街以上部分叫作"街头顶",下街以下部分叫作"海尾"。海尾原来是沙埕港内侧的岐阳古码头,20世纪70年代围海造田,码头迁至姚家屿。今日的妈祖宫所在海尾一带,左依老鹰山,右傍福东溪,面朝万亩海田,视野十分开阔。

故老传闻,明神宗万历年间(1573—1619),一艘商船正在航行中,突然遭遇台风袭击。当时的情况万分紧急。商家、船员在船主带领下,一起烧香磕头,祈求妈祖娘娘保佑,能够平安度过此次危难。商家默默许愿:如能顺利逃过此劫,就在靠岸地方修建一座妈祖庙。不久,帆船平安地到达前岐。

图 2-63　天后妈祖圣像
摄影：林海云

商家实现了自己的诺言,在前岐修建了妈祖宫。前岐妈祖宫有一副楹联曰"霞岐云冠海上仙迹隐现,瑶函玉简熙朝宝命辉煌",末尾款识"韩城郭兆禄左手敬书康熙乙未"十三字,推测清圣祖康熙乙未年(1715年)曾有修葺活动。据载,清高宗乾隆二十年(1755年),里人曾重修妈祖宫。清末民国时期,妈祖宫破坏严重。

新中国成立后,前岐妈祖宫一度成为前岐绣花厂的工作坊,同时也是前岐公社演戏播映电影的剧场。"文革"时期,妈祖庙所藏石碑、石壁及正殿内的重要文物均被毁坏。改革开放后,妈祖庙恢复活动。

2002年7月,成立"前岐妈祖天后宫理事会"。理事会发动广大信众筹集善款,修缮了妈祖庙两旁的厢廊。同年农历十二月初八日,前岐妈祖庙从湄洲祖庙分灵了一尊2.8米高的妈祖泥塑立像及两尊金娥彩女立像。2003年至2005年,前岐旅外乡亲、广大信众等纷纷捐款捐物,共筹集资金30万元,修葺了妈祖宫。

重修之后的妈祖宫整体建筑格局为四合院结构,总建筑面积为2000平方米,总占地面积为3200平方米,是目前福鼎市最大的奉祀妈祖的庙宇之一。其中,山门采用闽东民居样式,左右为硬山顶元宝檐厢房,门洞之上各有一座砖雕小三山檐头,正中为方形门洞,砖雕五山顶檐头兼小歇山穿堂戏台,造型优美,匠心巧运。正门前面两旁竖立双斗石旌表,十分雄奇。

进入山门,来到穿堂戏台。戏台由四根石质方柱支撑为八角顶,顶上绘有吉祥图案并木雕。戏台四方柱阴刻两副对联,分别曰"做些忠孝节廉教人葫芦依样,看这王侯将相笑他傀儡登场","圣德合坤贞而配乾大,神功昭巽顺以济坎平",表达了信众对妈祖的崇戴心情与人生如戏的感慨。戏台与大殿相对,中间为一个小埕场。埕场两旁为青瓦厢房,硬山顶元宝檐。埕场尽头是一个上行台阶,通往大殿;台阶两侧为上行廊厅,通往两层楼的配殿。

大殿(正殿)采用砖木混构,重檐歇山,琉璃铺顶,面阔五间19.5米,进深5间13米,斗拱雀替,雕梁画栋。正殿正中神龛奉祀天后妈祖,前面一尊为软身坐像,后面一尊为立像,左右仙女打着凤扇;妈祖供桌左右两侧则供奉有千里眼和顺风耳两位护法神将。左侧神龛奉祀临水夫人陈靖姑和福德正神,右侧神龛奉祀林、李两位奶妈。大殿左右两端则奉祀有文官武吏,辅佐

图 2-64　前岐妈祖宫所藏同治七年碑
摄影:林海云

天后妈祖管理海域事务。

妈祖宫本届理事会成员有82人,李若成先生担任首事,另有专人负责财务会计、秘书、设计、斋醮科仪、物资购置、文物保护、大殿看护、治安、消防、宣传、卫生防疫、慈善基金、仓库物资、场务活动、食堂、后勤、接待、监督等宫务。分工明确,落实到人,相互配合,统筹兼顾,建立了较为有效的管理模式。2009年,前岐妈祖宫被确定为"第一批省民间信仰活动场所联系点"。

每年农历三月二十三日妈祖诞辰,前岐妈祖宫都要举行为期五天的庆典活动,包括祭祀、斋醮、唱戏等内容。每年九月初九日妈祖升天日,又会举办为期七天的盛大法事,聘请本地著名法师前来设坛作法。每年的正月十五日元宵节,妈祖宫会举行游灯、猜灯谜活动;八月十五日中秋节,也会邀请剧团,前来妈祖宫唱戏。在各种节庆神诞活动中,必然会有马灯表演。冯文喜先生在《前岐马灯:春风得意马蹄疾》中具体描述了打马灯民俗与妈祖信仰的结合:

图 2-65　打马灯

前岐马灯又是一项典型的民俗活动。从正月初一开始到元宵,马灯表演叫"打马灯",他们要到各村各境去巡回演出。到了哪个村,就由村里的头人来接待,安排在空旷的场地上表演。村里来了马灯是件吉祥的事情,老百姓十分欢乐,全村的男女老少都会围观一睹打马灯的风采。通过打"马灯",以庇佑全村祛邪消灾,祈求四季平安,风调雨顺。村里有宫庙,逢上祭日,刚好来了马灯,更是热闹非凡,马灯展示表演和

图 2-66　前岐妈祖宫祭祀庆典
摄影：林海云

祭典仪式相结合，共同演绎民俗活动，乡土气息浓厚。音韵悠扬，香气弥漫，村民聚集一堂，诚惶诚恐，充满浓郁的民间原生态文化氛围。

　　前岐的马灯与妈祖文化有着密切的渊源关系。据说在清乾隆五十三年（1788年）六月十七日，乾隆帝颁发了一道圣旨：每年春秋两季要对妈祖天后娘娘举行宫祭，春季在农历三月廿三日即传说妈祖的出生日，而秋季则在农历九月初九日即妈祖的升天日。祭祀时，妈祖天后宫人山人海，热闹非凡，香气缭绕。仪司和头人们正虔诚地祭拜。宫里宫外都是彩帜，伴随着锣鼓声响，人们举行妈祖巡境，轿夫抬着妈祖金身上路，随后跟着仪仗队、彩旗队、鼓乐队，浩浩荡荡进发。在整个庆典仪式中，还伴随有各种戏剧、曲艺、杂耍、游神、对歌、烟花等活动。在如此众多的民俗文化浸染下，前岐马灯孕育而生，为天后宫祭典仪式锦上添花。①

　　从中我们也可以看到，前岐打马灯与妈祖宫之间具有一种相辅相成的关系，打马灯活动丰富了妈祖信仰的表现形式，妈祖信仰则反过来为打马灯习俗提供了展演空间。2008年，前岐马灯被列入福鼎市第一批非物质文化

---

① 冯文喜：《前岐马灯：春风得意马蹄疾》，《福鼎周刊》2014年7月30日第3版。

遗产名录;2010 年,福鼎妈祖信俗被列入宁德市第三批非物质文化遗产名录;2012 年,被列入福建省第四批非物质文化遗产名录。由此可见,民俗活动与宗教信仰共同承载了中华优秀传统文化,在某种意义上构筑了中华民族的心灵家园,而由政府主持的非物质文化项目则建筑了中华民族心灵家园的坚固围墙。毫无疑问,前岐打马灯壮大了妈祖宫的声威,打马灯展演成为前岐妈祖宫节庆神诞的重要内容。

与此同时,前岐妈祖宫十分重视对外交流,经常参与苍南、福安以及福鼎境内妈祖宫庙联谊活动,多次组织骨干力量,前往莆田湄洲妈祖祖庙、山东长岛、天津天妃宫、江苏昆山、台湾金门、大甲镇澜宫、北港朝天宫、松山慈佑宫等学习和交流,产生一定社会影响。此外,前岐妈祖宫也积极参加各种社会慈善公益事业,每年都会举行赞助贫困学生、扶助孤寡老人等慈善活动,遇到乡里修桥铺路,也乐于捐款襄助。

十六、管阳康安宫

康安宫坐落于福鼎市管阳镇章边碧峰村(原闽东福宁州管阳十六都),坐北朝南兼癸丁,背靠河山东洋顶,前傍管阳水源库,隔着水库是南山仙鹤峰,距离管昆路 500 米。

据《碧峰张氏族谱》所载,碧峰张氏始祖原籍寿宁县龟岭村,宋理宗开庆元年(1259 年),福公五世孙礼晋公、礼和公迁徙至长溪县柘洋里张源(今柘荣东源),居住十八载。后经异人指点,宋恭宗德祐二年(1276 年),礼和公移居长溪县潘溪后坪村,礼晋公迁往长溪管阳十六都碧峰村定居,是为碧峰始祖。其时,白衣土地和灵相公爹显化,礼晋公乃于简陋的张氏宗祠左旁安放两位土地爹香炉,随时礼拜。明太祖洪武二十年(1387 年),碧峰张氏四世祖龙公新葺宗祠,土地爹与张氏祖先同享祭祀。明英宗正统二年(1437 年),白衣土地和灵相公爹托梦六世祖万鹄公,意为本神素食,与你祖同居,荤、素浑浊,难得净心,万鹄公乃于宗祠之下新建地主神宫,奉祀土地爹,额之曰"康安宫"。民国二十八年(1939 年),尧房若梁公增建"乩楼于左侧,右侧建厨房、宿舍一座,正座中厅幔天由尧房修建,天井由恭房铺设"。新中国成立初期,康安宫被征作他用,祭祀中辍。1983 年,收归张氏族人,此后历年均有修葺。2001 年,族首张良鹏主持修缮乩楼告竣。2005 年,族首张忠余于乩楼左侧倡建七榴三层楼,作为食宿之用。2007 年,族首张良伟等主持修建前座及门楼。至此,康安宫始形成今日的规模。

图 2-67　管阳康安宫全貌

图片来源：康安宫管委会

图 2-68　康安宫前座（土地爹正殿）

图片来源：康安宫管委会

今天的康安宫主体建筑为三进二天井格局，坐北朝南兼癸丁。门楼面对水库，石质构建，三山顶，三山门（左右两门固封，上刻秦琼敬德，中门直入前座)。前座为康安宫主殿,面阔小五间,进深三间,中间奉祀白衣土地、灵相公爹两位土地爹,两边配祀童子。后座为碧峰张氏宗祠。

康安宫左侧为乩仙楼,三层六角阁楼式建筑,雕梁画栋,瓦木结构,专门用于扶乩。康安宫乩笔相当灵验,有求必应,威名远扬,浙南、宁德、福安、霞浦、沙程、秦屿等沿海一带渔民信众,多有前来敬拜土地爹者。乩仙楼的左侧为七溜三层楼,作为食宿之用。康安宫右侧建筑为旧日食宿场所,目前主要作为仓储之用。

每年除夕子夜,百余位信众前来康安宫,争燃新年第一炷香,热闹非凡。从正月初一至十八日,前来康安宫许愿还愿者,车水马龙,川流不息。每年正月十五至十八日,康安宫均设立法事祭坛,礼聘十多名法坛道士钟鼓齐鸣,朗诵经文,为闽浙周边各地信徒进行"保安"、儿童"过关"、成人过"星斗"等各种法事活动。康安宫土地爹圣诞为正月十五日和八月十五日,都会举行隆重的庆典活动。前来祝圣的信众络绎不绝,文书咒诵响彻山涧,谢恩礼炮延续不断。

康安宫每五年举办一次土地爹巡游管阳九境的大型活动。巡游前夜,16位全副盔甲神护武士("八将与八仙"),鸣锣前往各境各民宅巡查平安,并告各境头人备设香案祭坛,迎接土地爹驾临。巡游正日,由260多人组成的2支队伍(各15套),从康安宫的南边与北面同时出发,挨各境各村巡游。走在最前的是两位道士,执神咒符水,净道净村;随后是大清式兵勇饰者抬杠大锣,鸣锣开道;第三套由4位儿童扮"金童玉女",手提彩灯,在古笙管乐队的奏乐声中前头引道;随后是数十面"令旗",簇拥着"车载礼炮",一路鸣炮庆游;再后是2位八卦服饰者,抬着"焚香轿亭",满载燃香,冉冉升天;后面紧随着传统的神铳,间隔发炮,祛除凡间所有的牛鬼蛇神;神铳后面是4位牛头马面装扮者,抬着一艘度厄神船,尽收世间邪气、厄运、药罐等一切不祥之物;紧接着是披戴全副盔甲的"威武八将",他们身佩神刀,守护着土地爹銮驾;銮驾的踏脚、坐垫、靠背各由三对钢刀组成,左右扶手各一把,刀刃均朝内架,两位土地爹降灵的乩童则坐在銮驾上,手持宝剑,挥砍神背,取舌血、写咒符,为善男信女恩赐福德;銮驾后面另有一队"神通八仙",为銮驾护航巡游。

每巡游至一境,该境男女虔诚跪拜,迎接土地爹的驾临。祈祷神明为民众赐福,确保千家万户平安吉祥。最后,南北两支大队伍集结于管阳东山岭头,在设好的大祭坛前举行"拦门照"法事。

轰轰烈烈的土地爷巡游活动，承载了民众对于土地爷的敬畏与尊重，对于过去历史的记忆，对于未来生活的向往。

十七、点头妈祖宫

妈祖宫又名天后宫，地处福鼎市点头集镇海乾路，始建于明代。点头镇毗邻沙埕港，据故老传说，妈祖宫前30米处即是海港，曾设有埠头，渔船往来，热闹非凡。海水涨潮，有时可以抵达妈祖宫门前的台阶。明末清初，点头妈祖宫遭到破坏。清圣祖康熙年间(1662—1722)，在乡贤主持下，重建妈祖宫；清高宗乾隆二十年(1755年)再次重修。尽管清末、民国时期社会动荡，点头妈祖宫仍然香火旺盛。"文革"期间，点头妈祖宫被农具厂占用，后改办绣花厂，同时也是点头公社进行演戏、播放电影的唯一剧场，妈祖宫建筑与文物遭受一定程度的破坏。点头妈祖宫一直被粮食局和水产部门所征用，在广大信众多年吁请下，将庙产归还于妈祖宫。2000年，福鼎市民族宗教局发布批文，妈祖宫恢复活动，香火日渐兴旺。2012年，在妈祖宫左侧新建临水殿，奉祀临水夫人陈靖姑。

图2-69　点头妈祖宫山门

摄影：赵金飞

点头妈祖宫坐西南向东北，由大埕场和殿宇两大部分组成，总占地面积481.5米，建筑面积214平方米(加上新建的临水殿，总建筑面积达到1000

平方米)。大埕场十分开阔,距离门厅25米处竖立有两杆青石旌表。旌表基座为方形,上刻"光绪二年丙子季秋吉旦""十五都峎山点头社公建"等字样。上面为石柱,石柱顶端是双石斗,刻有"天后圣母"字样。目前所知,福鼎境内仅有点头妈祖宫存有青石旌表,十分珍贵。

殿宇为四合院格局,主要由正辕门(八字门)、亭阁、天井、厢廊(廊厅)、正殿(上殿)等组成。正辕门为门厅结构,五开间,三山顶,亭阁式格局,燕脊,飞檐,既庄重肃穆,又轻灵飘逸,具有中庸之美。内侧悬挂黑漆金字楹联曰:"宝相庄严覃恩浩荡,玉容整肃后德巍峨。"外侧黑漆金字楹联为:"水法配天海国慈航并济,母仪称后桑榆俎豆重光。"正辕门内的门厅则是点头妈祖宫日常办公和接待场所。

图 2-70 点头妈祖宫所藏清咸丰七年残碑
摄影:赵金飞

穿过门厅,正对一个小天井,一段青石浮雕四爪虬龙陛阶通往大殿(正殿)。陛阶雕刻祥云腾龙图案,寓意风调雨顺、国泰民安。阶宽1.2米,长1.5米,阶面略呈弧形。据宫内所立《虬龙陛阶》所说,妈祖为虬龙化身,有功于社稷,清乾隆盛世,恩准将虬龙形象镌石留念,其他宫庙无此殊荣。天井两侧为廊厅。廊厅柱子上同样悬挂黑漆金字楹联曰:"坤法弥施家中圣母人中圣,慈航普渡天上福星海上神。"

妈祖宫正殿面阔三间,进深三间,硬山顶,内外楹联曰:"国泰业兴共仰神光普照,民安物阜咸沾圣德无私","护国佑民浴法春如海,行仁好义怀忠气似虹。"檐下悬挂一块匾额,雕刻"威震海疆"四个黑漆金字,左端款首为"光绪二十八年岁在元摄瓜月",右端落款曰:"感灵警事第二十一队后哨哨

图 2-71　四爪虬龙陛阶

摄影：赵金飞

官司蓝翎五品顶戴千总章松胜队长温扬声率正兵,黄步升、宗明升、黄灿城、阮懋实、黄铨荣、杨维堂、黄□贵、□□□。"见证了清末妈祖信仰与海疆军队的紧密关系。大殿正中神龛奉祀天后妈祖,雍容华贵,慈悲肃穆;左边神龛奉祀陈林李三位夫人,前方站立千里眼神将;右边神龛奉祀两位女神,前方站立顺风耳神将。

正殿建筑格局基本保持原样,尽管梁栋枋椽、斗拱雀替、雕刻绘壁等颇显老旧,但难以掩饰其往日的辉煌。一般宫庙都绘有门神以驱鬼镇邪,点头妈祖宫的门神采用圆雕形式,全身贴金,且巧妙地嵌入雀替之下,既分担了雀替的重力,又颇具美学张力,十分独特。更为奇特的是,正殿四下的绘壁,除了采用东方技法和主题之外,还出现了落款为"桐山梁九酬、森五所作"的"洋人"画像,且吸收西方画法,见证了东西方文化的交融,具有重要的历史价值和文化意义。

1989 年,点头妈祖宫成为县级文物保护单位。2002 年,点头妈祖宫被列为福鼎市级文物保护单位。2008 年,被列入福鼎市第一批非物质文化遗产保护项目。2009 年,点头妈祖宫成功申请为省级第七批文物保护单位。2010 年,点头妈祖宫"天后信仰"被列入宁德市第三批非物质文化遗产名录。

为了更好地管理点头妈祖宫各项事务,弘扬妈祖精神,自 2000 年恢复活动以来,点头妈祖宫即成立管理委员会,主持各项事务,服务广大信众。名誉会长朱挺光老先生(1917—2004)是原福鼎市政协文史委员、福鼎太姥诗社副社长,著有《晚晴斋唱酬集》等,写作了大量歌颂妈祖功德的诗文,对妈祖的宣传工作做出重要贡献,于2001年被授予"点头妈祖宫名誉会长"称号。台胞吴存客先生(？—2006)是点头中街人士,曾任台湾省台中县凤凰市人事局长,回乡诣拜妈祖时题有"弘扬妈祖文化,加强两岸交流"字句,并捐款修复妈祖宫,于2001年被授予"名誉副会长"称号。台胞庄可南先生是点头安平街人,退休后回到大陆,长期居住点头,热心妈祖事业,捐资修建妈祖宫,每年都参加妈祖春秋二祭,被授予"名誉副会长"称号。现任会长陈家兴先生是点头供销社退休干部,热心于妈祖事业,在收回妈祖宫庙产过程中做出重要贡献,被信众公推为会长。副会长洪惠娟女士是点头鞭炮厂退休干部,热心于妈祖事业,为回收和修复宫宇做出重要贡献。副会长沈希要先生原来是点头手联社干部,退休后任点头妈祖宫管委会副会长,2007年逝世。顾问林际临先生原任点头副区长,退休后成为妈祖宫首事之一,在组织修宫过程中做出重要贡献。顾问朱乃巽先生在磻溪、点头等地从事教育事业三十八年,退休后继任点头妈祖宫首事兼任秘书工作。

由于点头妈祖宫是省市级文物保护单位,只能保护,不能新建,妈祖宫管委会主要精力投入妈祖文化建设中来,以祭典、绕境、巡安等活动为主,继承和弘扬妈祖精神。

图 2-72　点头妈祖宫所藏清光绪二十八年"威震海疆"匾

摄影:赵金飞

图 2-73　点头妈祖宫正殿
摄影：赵金飞

图 2-74　壁画一：西洋人头像
摄影：赵金飞

图 2-75　壁画二：西洋火轮船

摄影：赵金飞

2001年,点头妈祖宫举办了正式开放以来的第一次春秋祭典活动,朱乃巽先生的文章记录了当时的盛况：

公元二〇〇一年三月廿三日是妈祖诞辰纪念日,点头妈祖宫举行第一次春秋祭典礼。

祭典这天,妈祖宫的里里外外烛光通明,士女如云,虔诚朝拜,烛香林立,烟雾重重,使人睁不开眼,喘不过气。照料香火的人忙里忙外地往宫外火镛里投送,尽量减少空气污染。

此次庙会是本宫正式成立举行的第一次庆祝典礼,仪式特别隆重,虔诚地把宫内妈祖神像移供宫前,接受更多群众的膜拜。配备六名宫装的侍女,手执掌扇和宫灯分立两旁,庄严肃穆,令人起敬。

祭坛正中摆着祭品。左边摆着特制的"风调雨顺、国泰民安"和"弘扬妈祖文化"装饰品,右边摆着有几十种形象逼真的根雕精品。宫门正中挂着"妈祖春祭典礼"六个醒目大字的横标。人们到此恍入蓬莱仙境。

妈祖是位受人尊敬的女神,我们仿照县志列示的祭典古例,专设礼生三人,头戴礼帽,身披大褂,佩着"弘扬妈祖文化"的彩带,站在坛前分立左右。在悠扬乐曲的吹奏中引吭指挥,带领主祭官袍笏登殿和陪祭官等共同献礼。通过初献、亚献和终献三个仪式,行三跪九叩大礼,并由主祭官朗读祭文。

在三献礼中,还穿插着特地排练的舞蹈节目,有伞舞、扇舞、古装舞等等,舞态轻盈,引人入胜。还有中老年人的太极拳剑的表演和大合唱等节目,备受群众的赞许。还请来京剧接连演唱五天,盛况空前。

整个祭典从开始到结束,场面热烈,气氛浓厚,群情振奋,善举共襄,既为妈祖宫增添光彩提高了知名度,又为弘扬妈祖文化做出贡献。

在传统宗法社会中,信仰与祭祀活动可大致分为"官祀"(正祀)和"淫祀"两种,分别代表了官方所主导的"大传统"和活跃于民间的"小传统"。大、小传统之间的关系,有时表现为激烈的官方发起的"毁淫祀"活动,有时则表现为和谐互动的一面,往往以官方承认"淫祀",并将其列入"官祀"为表现形式。目前所知,妈祖最早被官方承认、进入正祀行列的时代为宋徽宗宣和五年(1123年)。此后,历朝历代各级政府均以各种形式祭祀妈祖。① 嘉庆版《福鼎县志》卷四《典礼》记载了春秋祭祀天后妈祖的具体仪式,其主祭词如下:

> 维嘉庆X年岁次X月X日朔越祭日,福鼎某官某致祭于敕封"护国庇民妙灵昭应行仁普济福佑群生天后尊神"曰:维神菩萨现身,至诚至圣,主宰四渎,统御百灵,海不扬波,浪静风平,舟航稳载,悉仗慈仁,奉旨崇祀,永享尝蒸,兹届仲春/秋,敬荐豆馨,希神庇佑海晏河清。尚飨!②

由此可见福鼎县域祭祀妈祖的历史久远,文化丰赡。点头妈祖宫正式对外开放以来,逐渐恢复了妈祖祭典仪式,其具体流程如下:

礼生唱引:鸣炮,击鼓三通,鸣锣三通,鼓乐齐鸣。

礼生唱引:各祭官各就各位。(主祭官身穿长衫,外披马褂,戴上高帽,佩着彩带)盥洗,复位。

行初献礼。跪。上香;恭举(各祭官手执香恭敬举起);归炉(各祭官按顺序把香插在炉内);献茗、献醑、献馔(由礼生交主祭恭举毕礼生放回原桌);献帛;读祝文;行三跪九叩礼:一叩首,二叩首,三叩首,兴。一叩首,二叩首,三叩首。一叩首,二叩首,三叩首;各祭官退立两旁;献

---

① 参见郑丽航:《宋至清代国家祭祀体系中的妈祖综考》,《世界宗教研究》2010年第2期,第120~131页。

② 谭抡纂修:《福鼎县志》(嘉庆十一年),台北:成文出版社,1974年,第420~421页。

图 2-76　妈祖巡境

图 2-77　高矮爷

舞;(舞队身着艳装,上前参拜后,伴着乐曲翩翩起舞);退(舞毕)。

行亚献礼。主祭官陪祭官复位;跪;上香、恭举;归炉;复位;献帛;献茗、献酹、献馔;行三跪九叩礼;退立两旁;献舞。

行终献礼(如前仪)。礼生唱引:祭典结束、鸣炮、奏乐。

在祭典之后,则要举行热闹的妈祖巡安活动。据故老回忆,历史上点头妈祖宫经常举行妈祖巡境活动。1950年开展过一次绕境、巡安活动,此后就再也没有举办过。在广大信众呼吁下,从2005年开始,点头妈祖宫每年都组织举办妈祖巡境祭祀庆典。按照惯例,每逢农历三月二十三日妈祖娘娘圣诞节,集镇居民区、各自然村设立敬点,排设香案、祭礼、放鞭炮、烧纸币等。善男信女手合香烛,列队迎候,朝拜妈祖。来自浙江马站、矾山、福鼎沙埕、南镇等地的上百艘帆船也停泊在港内,上千名渔民涌集在海尾下埠头,祈求妈祖娘娘保佑风调雨顺、国泰民安、无灾无难、五谷丰登。

巡安队伍十分庞大,队列依次为鸣锣开道、肃静禁牌、彩旗、佛手、刀枪、剑戟、香坛、娘娘銮驾,还有六尊高矮爷。每班有高矮爷各一尊,打锣子一个,在街上以舞蹈形式表演捉迷藏、打唱和诗等节目,非常吸引观众。乐队的鼓板、唢呐、八音十锦、鼓乐齐鸣,旋律优美动人。

相对而言,妈祖祭典活动的仪式感强烈,给人一种神圣的厚重感。而巡境活动则更为活跃,强调全民参与,真正体现了一种"极高明而至中庸"的"人神同欢"之精神。

十八、点头长生宫

长生宫俗称"大帝宫",坐落在福鼎市点头镇横街一条古朴幽静的巷子里,周围都是传统的民居房。这些民居房大多为石基木质结构,富有当地特色。

点头长生宫始建于清高宗乾隆三年(1738年),主祀华光大帝。因为民间传说华光大帝被玉皇封为"五显灵官长生大帝",故而取名曰"长生宫"。清末民国时期废弃。20世纪60年代,乡贤董传松、谢祖捷等主持重建工作。"文化大革命"时期,神像遭到破坏,长生宫被生产队征用,作为医疗所和仓库。在广大信众争取下,董传松担任首事,在长生宫后面修建了一座小殿,奉祀神明。20世纪70年代末,长生宫庙产回归,广大信众筹资复建重修。2006年,台风"桑美"过境,长生宫损坏严重。2007年,董传松老先生的儿子董进坤先生主持重建工程。

新建长生宫坐西朝东,为一座明清古式建筑与现代建筑相结合的二层楼建筑,总占地面积大约2000平方米,建筑面积573平方米。其中,大门为传统的"八字门",彩绘三山顶,面阔小五间,在红色柱子上悬挂两副楹联,内

联为"五极上帝除瘴气,显赫威灵佑乡民",外联为"金银绿水玉灯长明,山整华光威震乾坤"。进入大门为长生宫一楼大厅,为举办法会、供斋所用,二层为殿堂,殿内立柱上悬挂楹联曰"迹著南游五朵莲花分五彩,灵昭东胜三只慧眼望三洲"。正中奉祀五显灵官大帝的五位化身,左右为福德正神和郑二相公(即"牧牛大王"),前方则为千里眼与顺风耳两位神将。

图 2-78　点头长生宫后殿

摄影:赵金飞

　　董传松老先生于"文革"期间所建小殿位于长生宫之后,坐北朝南,硬山顶,面阔小三间,进深二间,门前悬挂两幅楹联,内联与长生宫同,为"五极上帝除瘴气,显赫威灵佑乡民",外联为"万道霞光辉五岳,千年正气贯三星",横批曰"威震南天"。殿内奉祀神明与长生宫二楼所祀全同。

　　长生宫后面有一座 60 多米高的小山,因为临近横街,俗称"横街山"。这里风景秀丽,视野开阔,是一处绝佳的风水宝地。站在山头,全镇的风景一览无余。山上有一座福德正神殿,也属于长生宫的附属殿堂。大殿歇山顶,面阔三间,进深两间,斗拱飞檐,雕梁画栋,十分壮美。殿门两侧楹联为"圣威浩荡德泽安社稷,庙貌崇馨福禄佑乡邻。"据董首事介绍,福德正神殿原来只是一个神龛,后来经过多次重建。今日规模乃 2006 年"桑美"台风之后所修建,殿前有一通 2008 年所立《修建土地庙纪念碑》,略云:

　　　　长春境土地庙历经百年风雨沧桑,摇摇欲坠,承蒙各界,善男信女,

图 2-79　五显灵官大帝

摄影：赵金飞

大力支持，乐于资助，得以重建，为表感恩，刻碑留念。

嘉庆版《福鼎县志》载，"上元张灯，庙宇尤盛，街衢杂百戏、放花炮，装鱼龙各灯，沿门庆贺，箫鼓之声，喧阗达旦"。① 每年正月十五至十八日，点头长生宫都举行迎神庆典，信众们携带"五牲"、香烛、纸炮，前来祭拜。其中，正月十五日元宵节，信众

图 2-80　长生宫所藏清道光十五年香炉

摄影：赵金飞

都要在长生宫前扎花树，然后燃放花树（"放花"），非常热闹。

每年农历九月二十八日为五显大帝圣诞，点头长生宫都要举行隆重的庙会活动，并祈求风调雨顺，田禾大熟。

---

① 谭抡纂修：《福鼎县志》（嘉庆十一年本），台北：成文出版社，1974 年，第 224 页。

十九、点头保安宫

保安宫位于福鼎市点头镇庈山村孙店自然村的上水碓柏坪园,坐南朝北,背靠普照山,面临庈山溪,景色优美。

保安宫主体建筑由圣王殿、太保殿、办公楼、丹房、斋堂、广场等构成,占地面积2000多平方米,主体建筑面积达1500平方米。其中,圣王殿建成于1993年,重檐歇山顶,面阔五间,进深三间,主要奉祀广泽尊王、妙应仙妃、萨真人、霍真人、福德正神、土地婆、金银二将等神明;太保殿建成于1997年,歇山,双龙戏珠磁贴顶,面阔三间,进深二间,奉祀广泽尊王的十三个儿子——十三太保;太保殿位于高高的仿城墙建筑之上,城墙建筑内部为办公楼、斋堂、丹房等;由城墙门洞上行,可至圣王殿。

据传,清代中期,陈氏先祖自广顺迁徙至点头,为祈求阖族平安,人丁兴旺,特从南安祖庙恭请广泽尊王金身,安奉于陈氏祖厅正堂。因为信徒众多,香火鼎盛,原有木质结构建筑存在火灾隐患,经家族会议商议,决定择地建殿。经过圣王乩示,择地于今址。1990年11月,在郑庆波居士主持下,信众捐资捐工,历时两年,于1993年2月建成圣王殿。同年,信众筹资,新塑尊王、妙应仙妃、萨真人、霍真人、福德正神、土地婆、金银二将金身暨尊王、妙应仙妃软身。信众增多,香火鼎盛。理事会于1995年在殿前增建太保殿、办公楼(仿城墙建筑)、丹房、斋堂、广场等,1997年8月竣工。

图 2-81　点头保安宫

图 2-82 保安宫圣王殿

图 2-83 保安宫全景

点头保安宫设有理事会，至今已历三届，目前有理事 10 多人，现任理事长为林朝相先生，副理事长为杜正义先生，乡贤王忠朝先生、郭永椿先生担任名誉会长。

每年农历二月十五日太上老君圣诞、二月二十二日广泽尊王圣诞、三月三踏青节、七月七太姥娘娘飞升日、八月十五日中秋节、八月二十二日广泽尊王忌辰等重要节日,保安宫都要举行法事活动,祭拜神明。其中,二月二十二日和八月二十二日的活动最为隆盛,除了点头镇居民前来参加祭拜活动之外,兄弟乡镇的广大信众香客也会前来参加活动。保安宫于此两日延请法师过圣过光、顺光禳星,热闹非凡。

根据文献记载和民间传说,广泽尊王名叫郭忠福,生活于五代十国时期,是唐朝汾阳王郭子仪的十一世孙,开闽郭在嵩五世孙,出生于后唐庄宗同光元年(923年)泉州府安溪石排山下蓬莱崇善里,小时候为杨荏长者放牧,后来在崔芸公法师指引下,迁居今泉州南安诗山龙山宫附近居住。后唐末帝清泰二年(935年),尊王十六岁,于诗山凤山寺古藤上坐化,得道成神。尊王成仙后,神通广大,有求必应,兴神助战,功勋卓著。自宋至清,先后受到历代帝王的六次敕封,清穆宗同治年间,累封圣号为"威镇忠应孚惠威武英烈保安广泽尊王",简称广泽尊王,此外尚有郭圣王、郭王公、圣王公、保安尊王等称号。

二十、白琳杨府宫

杨府宫,又名"杨府圣王宫",位于福鼎市白琳镇狮头岗山顶之上,依山而建,坐北朝南,占地面积6亩多,建筑面积约1500平方米,主要有山门、上殿、下殿、办公楼、丹房、斋堂等建筑。

故老传闻,八百多年前的一天夜晚,杨府爷香炉从浙江平阳增头殿飞至福鼎白琳狮头岗。村里老人看到山顶放射吉祥白光,均感到十分奇异。翌日上山寻找,在放光处发现刻有"杨府爷"字样的金炉。于是,虔诚的村民用石头在发现金炉的地方垒建了一座小型神台,岁时焚香礼拜,祈求一境平安。清末,村民集资新建了一座一百多平方米的宫殿,木质结构,斗拱飞檐,辉煌壮丽,取名"杨府宫",奉祀杨府圣王。民国时期,兵荒马乱,杨府宫遭到破坏,濒于废弃。

1955年,广大信众踊跃捐资,出钱出力,重修大殿(上殿),采用砖木结构,硬山顶,檐顶彩塑两条跃跃欲试的碧龙,十分威武。上殿面阔三间,进深两间,建筑面积达60多平方米。正中神龛奉祀三位杨府圣王,左侧神龛为土地婆、土地公,右侧神龛为郑二相公和陈喜大王,大殿左右奉祀龙将军、虎将军彩绘立像,龙将军手握两把朴刀,虎将军双手持鞭,猛毅威武,正义凛然。"文革"期间,杨府宫再次遭受破坏。20世纪80年代,信众修葺了上

图 2-84　白琳杨府宫大殿

摄影：聂宁杰

殿，恢复活动。1995年，杨府宫理事会发起筹资，在广大信众支持下，增建下殿和山门。下殿为砖混结构，单檐歇山，檐顶双龙戏珠，雕梁画栋，美轮美奂，在梁柱斗拱间悬挂"灵岩洞主"牌匾。下殿面阔大三间，进深三间，奉祀神明与上殿相同。2002年，杨府宫理事会集资，在下殿左侧增建了一座集斋堂、丹房为一体的建筑。2016年，信众又在上殿左侧修建一座太姥娘娘殿，歇山顶，面阔、进深均为小三间，目前尚未装修，亦未奉祀神像。

根据白琳杨府宫所立《杨府上圣三史传略》碑记可知，杨府爷本名杨精义，字植臣，祖籍浙江临海，唐太宗贞观十八年（644年）出生于安固县廿八都苌芬西村（今浙江瑞安陶山镇碧山渡头村）。1985年，瑞安碧山龟岩村发掘出一块题名为《杨太老仙翁正直真君福佑圣王行实》的青石材质的残碑，该碑由庠生陈见龙等人重立于清德宗光绪四年（1878年），碑文略云："（杨府爷于）唐太宗甲辰年（644年）五月廿四辰时诞生，翁姓杨讳精义，居安固县廿八都苌芬西村人也。夫人葛氏，生育十男，名国正、国天、国心、国顺、国猛、国勇、国刚、国强、国龙、国凤，媳十房……子孙共五十二人。至己巳年（669年）翁得中二甲进士，丁丑年（677年）官封都督大元帅，甲申年（684年）三子国心得中二甲进士，官封洋湖都督。其杨四、杨八、杨九，俱为元帅……翁至六十五岁，辞职告归。原祖山一岗，名曰北山，翁创造一寺，号松古

图 2-85　杨府宫灵光洞主殿

摄影：聂宁杰

寺。……翁寿一百〇八岁，一旦拔宅飞升，荣登天府。翁自逝世致精光不散，道义常昭，由是灵著海澨，祈祷咸应……"此外，1990年立于温州鹿城区杨府山祖庙《北山杨府庙移建志》碑称，杨府爷于"玄宗天宝十年（751年）拔宅飞升，尸解于灵岩。公七子国刚，追承父志，隐居瑞安陶山白云洞修道。道成后与父跨鹤遥怡而来，招其兄弟俱入仙籍"。唐代宗广德元年（763年）封杨精义为"太老仙翁正直真君芠芬地主"，封葛氏为"大郡夫人"，子十人为"十洞尊王"，故而有"父子一家皆得道，兄弟十洞锡封侯"之美称。

为了更好地发展杨府宫，弘扬杨府圣王的威灵，强化管理，20世纪90年代初成立"杨府宫理事会"。现有理事八人，陈延培先生担任首事一职。据陈先生介绍，他原来在附近另一个宫观担任首事，由于其母亲冥冥中感应杨府爷，故而要求他前来服侍杨府圣王。目前，他已经参与杨府宫管理事务三十多年。

每年正月十五日，杨府宫举行杨府爷巡街庆典。其时，信众鸣鼓开道，焚香敬拜，附近村民云集于此，场面热闹隆重。在此前后，信众往往举行热

图 2-86 打鱼灯

摄影:江山红

闹的打鱼灯活动,以增加节日的欢乐气氛。"福鼎打鱼灯习俗始于清初,盛行于清乾隆至民国年间,'鱼'与'余'音同,'灯'与'丁'音相近,在渔民视作吉祥物,寓意富余、吉庆和幸运。"①鱼灯的制作颇为多样,打鱼灯时的舞蹈队列也多有变化,具有很好的观赏性。冯文喜先生在介绍店下寺前鱼灯时说:"鱼灯戏文舞法内容传统上多贴近生活原型,但也有特定内容的再创作,现代鱼灯舞蹈法不断创新,原来舞法中鱼灯队根本没有虾、墨鱼等种类,后来,通过艺人再创作,巧妙地利用虾须弹触墨鱼,让墨鱼在进退中吐烟隐蔽,增加了鱼灯表演的动感与特技的趣味性。"②店下寺前鱼灯在 2008 年被列入福鼎市第一批非物质文化遗产名录。白琳一带打鱼灯也多类似店下。民众于正月元宵前后在杨府宫举行打鱼灯活动,由此可以看作白琳杨府宫具有凝聚和维系传统民俗的重要功能。

农历五月十八日为杨府圣王的诞辰,杨府宫每年举办庆祝活动,邀请本

---

① 叶梅生、张先清主编:《太姥文化:文明进程与乡土记忆》,北京:商务印书馆,2016年,第 650 页。

② 冯文喜:《寺前鱼灯:极富渔家特色的民俗文化》,《福鼎周刊》2014 年 11 月 19 日第 3 版。

地的法师做五天法事。每年农历腊月二十四日,杨府宫都要举办为期三天的道场,邀请法师做平安醮,祈求来年的风调雨顺、平安健康,同时设宴,邀请广大信众用斋,用以抚慰人们一年的辛苦劳作。

在田野调查中,我们了解到,福鼎当地人把香烛燃烧完毕之后木棍出现自燃的现象称为"化炉"。化炉现象表明神明现身,享受信众的馨祭。正一法师向我们展现了请神科仪。法师先向圣王焚烧了一道黄纸,环燎其身,以示净洁。随后,法师虔诚燃香,祭拜杨府圣王和天地之神。然后,法师持香,端坐在凳子上,偶尔礼拜一下。这时,另一位法师拿着点燃的三炷香,一边在端坐法师的背后画圈,一边念咒语。第一位降临的神明是杨府圣王,第二位是陈喜大王。

二十一、白琳王渡头水龙宫

水龙宫坐落于福鼎市白琳镇康山村王渡头自然村,东临通往太姥山镇的周仓古岭,西倚鳞次栉比的白琳镇社区,前面是宫井洋,隔溪相望是工业区。

图 2-87　王渡头水龙宫山门
摄影:聂宁杰

顾名思义,"王渡头"是一个渡口。很早以前,八尺门海域的潮汐经常冲击白琳。作为通往秦屿的必经之地,王渡头与周仓岭脚下的岭尾村隔海相望。在渡口上有一户王姓人家,以摆渡为生。过往行人经常在此歇脚,久而久之,人们就把这个渡口命名为"王渡头"了。不久,这里逐渐形成了一个村落。明神宗万历年间(1573—1619),村民在渡口不远处垒起了一座泥坯房,供奉齐天大圣,以祈求村人安居乐业,保佑过往行人一路平安。后来,人们把泥坯房重新修缮,扩建为猴圣王宫。由于天灾战乱,猴圣王宫两度兴废。清德宗光绪十

图2-88　水龙宫齐天大圣殿
摄影:聂宁杰

六年(1890年),宫井洋地主宫迁来王渡头,与猴圣王宫合二为一。历经民国战乱和"文革"破坏,猴圣王宫一度废弃。20世纪90年代,广大信众发心,倡议重建猴圣王宫,始于今址建殿,更名为"水龙宫"。2000年前后,水龙宫又进行了多次修葺、扩建,形成今日的规模,建筑面积约300平方米,总占地面积为2000多平方米。

　　沿着山路上行23级台阶,就来到了水龙宫的山门。山门采用四柱三山顶格式构造,斗拱彩绘间悬挂"水龙宫"字样竖匾,左右两门彩绘门神,四柱悬挂两副对联,内联为"美猴王智斗诸神初露英雄本色,孙行者取经西天终成胜佛美名",外联为"志感天地传万世,名震三界显神通"。走进山门,四柱背后又悬挂两副对联,内联为"西天路降妖除魔擎铁棒,东胜洲寻仙访道成金身",外联为"伏神威而保万姓,籍福泽以惠四方"。这些对联,一方面描述了孙大圣的法力高强和英雄事迹,另一方面表达了信众对美猴王的爱戴和希望孙大圣赐福乡里的愿望。

　　水龙宫大殿坐南朝北,单檐歇山顶,面阔大三间,进深三间,斗拱彩绘,雕梁画栋,美轮美奂。进入大殿,正中奉祀齐天大圣像。这尊神像是齐天大圣孙悟空在唐僧师徒西天取经成功之后,圆满归朝时封官晋爵、黄袍披身的

形象。此外,大殿神龛上还供奉有田都元帅、白马明王、福德正神、郑二相公、地主明王、陈喜大王等神明。左右两侧站立着青龙孟章神君和白虎监兵神君。

水龙宫现任首事为柯和英先生。理事会每年选10人,辅助首事开展日常工作。每年农历七月二十九日为齐天大圣诞辰,水龙宫都会举办声势浩大的祭祀庆典活动。广大信众齐聚水龙宫,烧香磕头,顶礼膜拜。每月初一、十五日,信众也都会前来烧香,以祈祷家人平安,年景顺意。

除了齐天大圣之外,田都元帅也是福鼎民间比较重要的神明,戏班将其尊为祖师爷。福鼎提线木偶戏民间称"七条线",主要分布在白琳、贯岭等乡镇,表演范围则辐射至闽东浙南各个乡镇。"木偶戏的生存和发展与民间的宗教信仰有着密切的联系,而木偶戏的演出也往往与庙会、庆典'除邪保平安'有关。福鼎除了传统节俗外,还拥有丰富的民间信仰。民间往往在本土境内供奉神明,逢上节日祭祀,全村全境都要做'福',并请木偶戏班来做戏,俗称'社戏',以敬请神明观赏。"①2008年被列入福鼎市第一批非物质文化遗产名录,2009年又被列入福建省第三批非物质文化遗产名录。王宏涛女士在描述田都元帅时说:

图 2-89　七条线

摄影:冯文喜

(提线木偶)剧中人物最特别是一个约九十厘米高、戴大红色"武丑帽"、披大红色对襟戏服、着红裤、踏红鞋的木偶。这个人物是这个行业的"祖师爷"——"田都元帅",福鼎话叫"麻鼓长",相传是唐玄宗时宫廷

---

① 叶梅生、张先清主编:《太姥文化:文明进程与乡土记忆》,北京:商务印书馆,2016年,第474页。

里的一名乐师,后来中国戏曲界都供奉他为保护神,所以还有个尊称"喜乐神"。这位"麻鼓长"在每出剧目里都起到提纲挈领的重要作用,他的出场亮相,在戏里是支持正义善良的一方,他出演的一方代表的是正面形象,而另一方则是奸佞小人。他身着的戏服、头戴的红帽都是喜庆的红色,寓意吉祥红火。①

水龙宫每年举行齐天大圣神诞庆典,都会聘请戏班,表演"七条线",开场往往是"打八仙",主要内容是祈求天官赐福、麻姑进寿、加官晋爵、观音送子、奎星点斗、招财进宝等,寓意吉祥,十分热闹。随后则表演《封神榜》《妈祖宫》《临水夫人平妖传》《七侠五义》等。白琳一带信众香客都会前来观看表演,气氛热烈,欢声笑语。

二十二、山前大岚头妈祖庙

大岚头妈祖庙位于福鼎市山前街道大岚头村,奉祀妈祖娘娘,以祈保佑一方平安。

图 2-90 大岚头妈祖庙大殿
摄影:聂宁杰

据当地人介绍,在 2010 年前后,妈祖娘娘在梦中指点一位信士,说大岚头村五六百米处风水好,希望信众能够为她修建一座宫庙。其时,大岚头妈

---

① 叶梅生、张先清主编:《太姥文化:文明进程与乡土记忆》,北京:商务印书馆,2016年,第 664 页。

图 2-91　大岚头四柱三山门
摄影：聂宁杰

祖庙附近都为荒地，野草丛生，只有容一两人过的小路。这位信士组织人员前来探勘，果然发现了一个废弃的茅草屋，屋内供有一个鼎炉，上面刻有"妈祖娘娘"四个字。众人连称不可思议。随后成立大岚头妈祖庙理事会，在李求良首事的带领下，村民捐资出力，于 2010 年修建了两座小型宫殿。从 2011 年开始，理事会筹资在小殿右边修建大殿（主殿），目前主体框架已经完成，内部装修正在施工当中。如此一来，则小殿变成了配殿。

大岚头妈祖庙大殿面阔五间，进深三间，重檐歇山，龙柱斗拱，金碧辉煌，主要奉祀妈祖娘娘暨千里眼、顺风耳等神将。第一个配殿单檐歇山，面阔、进深均为单间，正中奉祀妈祖娘娘，其右依次为临水夫人陈靖姑、白夫人，其左依次为马元帅、福德正神。第二个配殿单檐歇山，面阔小三间，进深小三间，正中同样奉祀妈祖娘娘，其右依次为通天圣母、陈喜大王，其左依次为五显大帝、何仙姑、福德正神。

大殿前面是一个中型广场，左边连接两座配殿前面的小型广场。小型广场事实上是一座二层楼建筑的楼顶。其中，第一层为斋堂之用，第二层为丹房之用。从右边配殿不远处的台阶下行，来到一个大广场，广场左右两端各有一个六角形攒尖顶亭子。左端亭子不远处即是斋堂，右边亭子右行是一个四柱三山门的石质牌坊,通往大岚头村。

四柱内联(正面)曰:"灵溯湄洲圣德长昭新世面,孝尊王氏慈恩普佑大岚头。"

背面楹联曰:"保境安民施福泽何其灵也,修身揽胜沐祥光不亦乐乎。"

外联(正面)曰:"天威显神州河清海晏,后绩扬鼎邑物阜民安。"

背面楹联曰:"政兴华夏有山皆秋实,威镇闽疆无海敢扬波。"

这些联对记述了天后妈祖的事迹和神威,又表达了大岚头信众对妈祖的崇敬与爱戴。

大岚头妈祖庙现任理事会由 11 位成员构成,现任首事为李求良先生。每年农历三月二十三日为妈祖诞辰,大岚头妈祖庙都会举行为期一天的法事活动,以庆祝妈祖娘娘的生日。此外,每年农历九月初九日,理事会都要聘请法师举办为期三天的科仪法事,以庆祝妈祖娘娘升天得道。每逢初一、十五日,众多信众前来烧香、请愿、还愿,构成了大岚头妈祖庙的日常活动。

二十三、瑜伽派坛口

福鼎瑜伽派,或称瑜伽教,当地俗称"本地道",又称道代、普庵派、释教、菩提派等,是在闽越巫术文化基础上,融合了道佛两家的思想要素和信仰体系,以火居道士身份在民间进行阴阳醮事活动,从而衍生出一套适用于福鼎当地文化的民间信仰体系。据不完全统计,现有信教群众 16 多万人,主要坛口 60 多个,法师 400 多名。

瑜伽派主要分布于讲福鼎"本地话"的地方,因为法师在诵经礼忏等科仪活动中,通常都用本地话来讽诵演唱,所以在福鼎城区、点头、白琳、磻溪、店下、秦屿、硖门、管阳等乡镇较多,而其他乡镇分布较少。根据 1995 年版《福鼎县志》所载,所谓福鼎"本地话","以福鼎县城桐山镇的桐山话为代表","使用人口达 29 万多,占全县总人口的 68%"。此外,由于频繁的移民活动,福鼎县域部分村社也流行闽南话、福州话、莆仙话(兴化话)、客家话(汀州话)和畲家话。但是总体而言,"桐山话通行于福鼎全县"。①

福鼎当地人有时又称瑜伽派为"道代",根据何绵山先生的解释,"福建

---

① 卢宜忠主编:《福鼎县志》,北京:中国统计出版社,1995 年,第 918 页。

有不少道教舞蹈与佛教关系密切,有的源于佛教,传入道家后,其他角色都已改成道士装束,惟主坛一角,仍保持和尚本色(由道士扮和尚),即所谓'道代'(以道代僧)"。何先生特别以流行于闽东的"香花舞"为例,描述了其仪式过程中佛道交融的特征。① 尽管如此,何先生仍将其归为道教科仪。我们在田野中了解到,活跃于当前社会的瑜伽派,在科仪方面进行了一定的调整,淡化了佛教色彩,突出了道教特征。

瑜伽派又称普庵派,缘因追奉普庵和尚为创派祖师。普庵祖师,俗姓余,名印肃,号普庵,江西宜春人。生于宋徽宗政和五年(1115年),主要活动于南宋时期。普庵和尚以《华严经》"达本情亡,知心体合"一句而得道开悟,主要在江西、福建、安徽、江苏、浙江一带弘法利生。普庵祖师佛道兼修、显密双运,擅长神术,屡屡为老百姓禳灾去祸,救旱抗洪。据《三教源流圣帝佛帅搜神大全》载:"有病患者,折草为药,与之即愈。或有疫毒,人迹不相往来者,师与之颂,咸得十全。至于祈晴伐怪,木毁淫祠,显应非一。"②

中国民间社会的信仰心理表现为强大的包容性,这种信仰心理也支撑了儒释道三教的包容思想。南宋以降,三教融合的进程加快,尤其在民间更为流行。普通民众不分儒释道,见庙就进,见神就拜,儒生、和尚、道士之间的交往也十分顺畅。瑜伽派融合了佛教的科仪经典与道教的斋醮法事,具有很多释教成分。"释教"一般是指存在于福建广大地区的亦佛亦道的民间宗教形态,在闽西北称为"普庵教",在闽东北称为"释教"或"瑜伽教",在闽中福清等地称为"禅教",系"民间佛教与道教相融合的产物",是一种"依托道教科仪和民俗活动为表现形式的宗教形式"。③ 叶明生先生的理解与此稍有差别,认为"释教"隶属于道教系统:"释教是道教系统比较复杂的一支教派,由道教的黄箓派、佛教的瑜伽派以及闾山教的文教等三种教派融合而成,它的道坛法事范围比较集中于拔度超亡之功德道场,凡民间死人的一切丧事仪式均由其主持,与台湾之'乌头师公'的职能相同。但它也有祈安、祈雨、祭祖等醮仪,以及十保、遣霞、度星、过关、赎魂等小法事之道坛活动,为

---

① 何绵山:《福建宗教文化》,天津:天津社会科学院出版社,2004年,第127页。
② 《三教源流搜神大全》,卷一,"普庵禅师",清代西岳天竺国藏版。
③ 宋永和:《闽东地区"释教"的形成与仪式形态之研究》,福州:福建师范大学硕士学位论文,2011年,第1页。

典型的道教世俗化的宗教形态。"①道教斋醮科仪可分为玉箓、金箓、黄箓三种类型,一般而言,黄箓科仪适用于普通民众。道教本无"黄箓派",叶氏此处所言,当指主要在民间做法事的道众所形成的派别。此外,叶氏使用"佛教瑜伽派"术语主要用以界别"释教",而根据笔者田野考察所得,福鼎瑜伽教与"佛教瑜伽派"当有所区别。

瑜伽派的道场法事主要分为两大类:一是吉祥道场,如大型祈祷风调雨顺、国泰民安、开光设醮、祈福平安、迎神接驾、植福延生、祈雨、求晴、保苗、遣灾、禳星拜斗、禳关除煞等;二是度亡道场,例如追思荐拔,荐祖超荐,超阴保阳和其他杂类等。其中,度亡道场主要包括起经头、念诵三元妙经、发鼓、请水、建坛、召灵、诵经礼忏、发奏、上表、加持法界、招魂沐浴、设供进表、开通殡殓、超生判施、填库、超生渡桥、诣灵送桥、谢师、送神等科仪程式,每个程式又包括多项仪式元。

每次举行法事活动时,法师上堂,一般都穿黑色青衣,外披裼衫。裼衫形状与道袍(八卦袍)有所区别。裼衫颜色大体为黄、红、蓝等,衣袖稍短,衣襟后中为寿字图样,衣襟两沿亦为寿字,背部有"三台讳",底端为海浪花纹。然而,由于历史原因,传承变故,改革开放以来,大部分法师都着装黄衣和袈裟,佛教化色彩较为明显。做道场时,法师还需头戴巾帽,外系五佛冠。主持一般左手持手炉(或者如意),右手执金铃。

瑜伽派的主要坛口与传承法脉如下:

(一)灵宝玄坛

源出店下海田村。据《费氏宗谱》记载,清宣宗道光年间(1821—1850)有费家惶和费家忱兄弟两人,均为瑜伽派道士。费家惶法师道名法进,其子费开鸿,道名显灵;费家忱法师道名法钦,其子开熊,道名梦祥。父子两代四人,皆为当地高道,法术高强,服务于乡梓信众,广受好评。但此后灵宝玄坛的传承情况不详。直到民国年间,海田费家又出现费思塎道长,号青垫,道名益成,少年入道学医,熟通四书五经,中年重建祖坛,亦道亦医,是当地有名道士。新中国成立初期,费思塎前来桐山三门里,任教数年。其时,由于特殊的社会环境,费思塎没有公开收徒,而是将其法术独授门人侄儿费作

---

① 叶明生:《福建省寿宁县闾山梨园教科仪本汇编》,台北:新文丰出版股份有限公司,2007年,第9页。

族。费作族法师号道乡,道名正玄,幼年入道,追随费思堃道长学法,勤奋好学,恪守道规,从小精通《周易》,曾编写《六十四卦实用直解》和《周易命理实用批解》二十余万字,惜乎未能出版。费作族道长收徒六人:长子费汉曹(道名承法)、幼子费汉构(道名承华),弟子徐本银(道名承永)、张振潮(道名承茂)、费汉队(道名承流)、费汉露(道名承芳)。

1992年,海田灵宝玄坛迁入桐山,由费汉曹法师主坛,携众师弟在福鼎城关一带弘道,目前共有20多人。其中,费汉曹道长授门生郑守丰、陈吉强、周世密、徐本懂、周德龙、吴小明等;徐本银道长授子徐贻冬及门生数人;费汉队、费汉露、张振潮、费汉构各授徒数人。

图 2-92　福鼎瑜伽派祖师画像
摄影:金文卓

(二)普应灵坛

源出店下海田村,传教祖师费鼎笋(道名永光),乃子费思阶(道名正玉)习其法。费思阶道长传法于乃子费作峰与门人费作毯,费作毯道长传法于二子费汉苴、费汉邕及其他弟子十余人。

(三)济应雷坛

源出点头横街里,祖传数代,目前所知历代祖师有雷日汉、雷广真、雷法显、雷普兴、雷光辉、雷显仁等。

目前,济应雷坛坛主为雷家友法师(道名宏馨),雷家春(雷家友之弟,道名宏光)、雷家奎、雷太榕(雷家友之子,道名通显)、雷泰绳(雷家友之侄)及其弟子二三十人,均服务于该坛口。

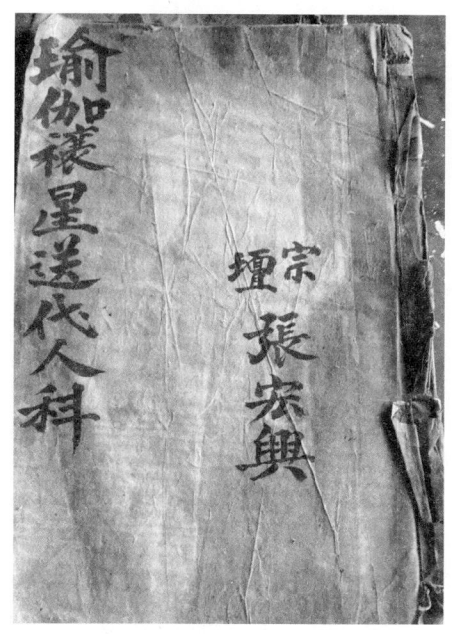

图 2-93　福鼎瑜伽派科仪书(一)
摄影:金文卓

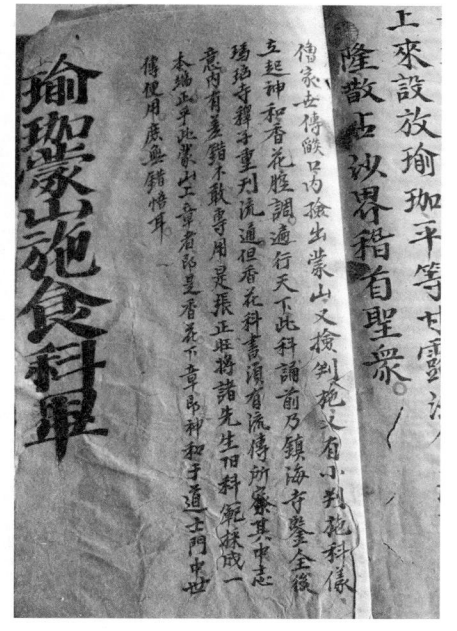

图 2-94　福鼎瑜伽派科仪书(二)
摄影:金文卓

（四）救济灵坛

源出南溪,历代传教祖师有陈显真、陈广真、陈庆真等。目前,救济灵坛迁入福鼎城区,坛主为陈永崧(道名牲真)、陈永和(陈永崧之弟)、陈平权(陈永崧之子)、陈平尧(陈永崧之侄)及其门下弟子10多人均服务于该坛口。

（五）通玄祖坛

源出管阳长潭边,历代祖师有张玄真(约活动于清高宗乾隆年间)、张法真、张正旺、张正明,自张应顺(张玄真曾孙,约活动于清宣宗道光年间)至今有十六七代,传法授徒30多人。

（六）×××坛

源出管阳西阳,历代祖师有陈美真、陈守真、陈法真、陈振真、陈光真、陈成真、陈恒真、陈夷真、陈法道等。目前,陈骏亮(道名一真),年逾百岁,仍从事道场,其子陈孝铭授门生有10多人。

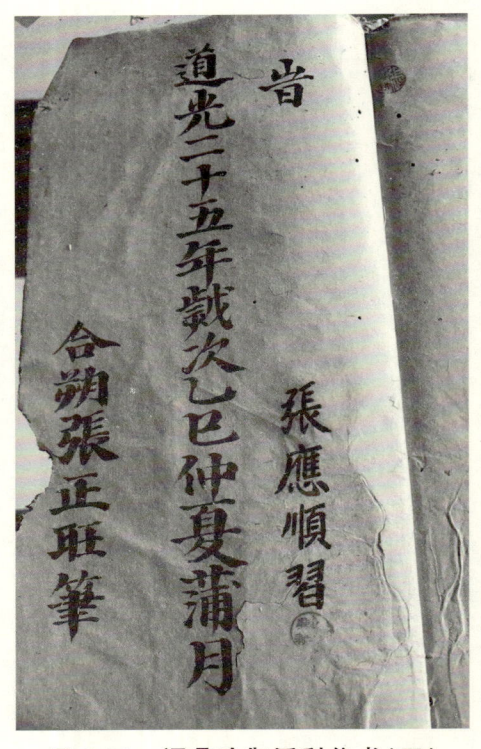

图 2-95　福鼎瑜伽派科仪书(三)
摄影:金文卓

图 2-96　福鼎瑜伽派法器(一)
摄影:金文卓

(七)百福灵坛

源出店下秀兜,传教师父为潘应成法师,授徒周金些(道名正腾)、林道明(道名正法)等20多人。

(八)×××坛

源出店下玉岐,坛主为王为芳法师,其子王根银、王根坚及其徒弟共约十多人服务于该坛口。

(九)×××坛

源出店下溪美,目前有王为靖、吴克连等共20多名法师服务于该坛口。

图 2-97　福鼎瑜伽派法器（二）
摄影：金文卓

图 2-98　福鼎瑜伽派法器（三）
摄影：金文卓

图 2-99　福鼎瑜伽教法器（四）
摄影：金文卓

（十）×××坛

源出店下巽城坑里，目前有朱姓道士等十余人。

(十一)福佑玄坛

源出秦屿,目前坛主为陈良升(道名超九),祖传至今十几代,坛下授徒30多人。

(十二)灵应玄坛

坛主为徐敦梅(道名超玄),祖传数代,目前门下有10人左右。

(十三)×××坛

源出白琳石床,坛主为周姓法师,祖传十余代,目前门下有30多人。

(十四)×××坛

源出管阳卢厝里,卢姓法师,传教时间约为乾隆年间,至今亦有十几代,授徒20多人。

(十五)×××坛

源出桐山溪西,目前法师有林章銮、林承曲、林承午等,祖传数代。

(十六)×××坛

源出桐山玉池里,目前法师有陈敬霖等,祖传数代至今,门下10多人。

福鼎瑜伽派的法脉传承一般分为"祖传"和"师传"两种。"祖传"指家族内部传法,一般为父子相传;"师传"指异姓师徒授受。无论是祖传还是师传,学生入道拜师后,至少需要学习三年,熟悉各种道场仪轨,再经本师的允许,方能参加奏职、授箓等仪式,并根据本命生辰,拔其随身主副将元帅、品位、坛额等,方可出师,从事各种法务道场活动。门人学生在举行道场时,可用祖传或者师传坛靖,亦可用初拔坛靖,但不能抛弃祖师坛靖。

历史上,由于福鼎瑜伽派大多是散居道士,没有统一的组织规定与正式的身份,所以每个坛口之间缺少顺畅的沟通渠道,缺乏统一的制度规范管理,部分坛口的法事形式和服装法器多有不合规范之处。经过整顿,将道场法事与人员管理予以规范和统一,相继举行了一些系统化的组织学习与活动,提高了瑜伽派法师的整体素质。

然而,因为福鼎瑜伽派法术的学习比较艰苦,法师的收入并不固定,所以，目前在福鼎基本上已经没有专职做道场法事的法师，而是将之作为一种偶尔兼职的谋生手段。随着社会的发展，年轻一辈人大多向往大城市生活，对于学习道法科仪并没有太多兴趣。此外，随着民众科学文化教育水平的不断提高，尤其是在西方文化的影响下，不少年轻人对于"法师"这个职业以及一些科仪法事抱有不同心态，甚至于持否定态度。对于已经确立师徒关系的法师来说，由于师徒大多不是专职法师，在道场法事之外还要处理其他事务。凡此种种，都导致福鼎瑜伽派的传承与发展遭遇巨大的瓶颈。

第三章

福鼎道教文化

　　福鼎道教肇端于上古时期越人始祖母崇拜和巫鬼信仰，秦汉以降，道教正一派、灵宝派、上清派、东华派、净明派、闾山派、全真派皆在福鼎传播，太姥娘娘、司马承祯、杨涅、费思堃、郑声柞、郑诚良等仙真高道活动于福鼎境内。其中，太姥娘娘信仰融合了各族群和人群的文化心理与信仰诉求，成为福鼎道教历史最悠久、内涵最丰富、影响最深远的信俗传统。1997年7月，福鼎市道教协会成立，在弘扬福鼎道教文化方面做出了重要贡献。

第一节　福鼎道教沿革

　　道教是我国固有的本土宗教，吸收容纳了羌越夷狄苗蛮等古老民族的巫鬼神仙信仰与华夏族阴阳五行思想，在黄老道家思想的整合下，形成了包罗万象、内涵丰富的道教文化。这些越族巫师后来融入道教，其巫法也成为道教众术之一。如今福鼎正一派支系灵宝派、净明派（闾山派）仍保留有不少巫法，与秦汉时期的越族巫法当有渊源关系。

　　陈支平先生主编的《福建宗教史》推测"孙吴对福建的五次大规模用兵，道教很有可能随着军队传入福建"。其时，福建经济有所发展，社会稳定，左慈、葛玄、介琰等高道避乱闽中。[①]《福建省志·宗教志》也持同样观点，认为东汉三国时期，道教已经传入福建。"不少中原和巴蜀道教信徒陆续避乱

[①] 陈支平主编：《福建宗教史》，福州：福建教育出版社，1996年，第11页。

迁闽,寻找理想的修炼场所"①。其时,侯官人董奉曾到福鼎董江(今桐城资国村东南)采药炼丹。② 丹鼎派高道左慈真人"入霍山(今宁德霍童山),合九华丹,丹成仙去"。③ 葛玄真人也追随乃师左慈,前来霍童山隐居修炼。此后,葛玄的徒弟郑隐真人于晋惠帝太安元年(302年),"知季世之乱,江南将鼎沸,乃负笈持仙药之朴,将入室弟子,东投霍山"。④ 葛洪是郑隐的弟子("入室弟子"),很有可能于此时入闽。霞浦葛洪山(洪山)之得名,即与葛洪的活动有关。《福建省志·宗教志》认为:"从左慈授道开始,经过葛玄、郑隐、葛洪几代师徒的不懈追求和努力,东汉以来的重要道教经典,在以葛氏家族及门徒为中心的道教信徒中广为传授,由此形成了三国两晋道教发展中最有影响的金丹道(或称葛家道)。金丹派的轴心人物接踵来到霍童山隐居修炼,吸引了各地有志学道者,形成了浓厚的崇道氛围,推动了福建道教的发展。"⑤葛玄真人不但继承了左慈真人的丹鼎法脉,而且发展了符箓法术和斋醮科仪,开创了灵宝派。此后,霍童山逐渐成为金丹派和灵宝派的重要据点。万历版《福宁州志》认为"霍林太姥,仙灵所都"⑥,对霍童山与太姥山的神异特性予以高度赞扬。太姥山位于霍童山东北方向,两山相距不远,推测当有道徒活动。这是目前所知,福鼎丹鼎派和灵宝派最早的源头。

东晋安帝元兴元年(402年)至义熙元年(405年),信奉正一五斗米道(天师道)的卢循率领起义军经海路由浙江进入福建,势力颇大。1995年版《福鼎县志》记载:"元兴二年(403年),卢循在永嘉起兵失败后,退至福鼎县贯岭战坪垟一带据守,刘裕(宋武帝)率部穷追,在此地展开历史上有名的'晋安之战'","元兴三年(404年),(孙恩的妹夫)卢循继而率残部由浙江永

---

① 福建省地方志编纂委员会编:《福建省志·宗教志》,厦门:厦门大学出版社,2014年,第185页。
② 林守无主编:《福鼎县志》,福州:海风出版社,2003年,第839页。
③ 赵道一:《历世真仙体道通鉴》卷一五,《左慈》,张宇初等主编:《道藏》,第5册,北京—上海—天津:文物出版社、上海书店、天津古籍出版社,1987年,第188页。
④ 葛洪:《抱朴子内篇》卷一九,《遐览》,张宇初等主编:《道藏》,第28册,北京—上海—天津:文物出版社、上海书店、天津古籍出版社,1987年,第248页。
⑤ 福建省地方志编纂委员会编:《福建省志·宗教志》,厦门:厦门大学出版社,2014年,第185页。
⑥ 殷之辂修,朱梅等纂:《福宁州志》(万历二十一年本),卷一五,《仙梵》,北京:书目文献出版社,1990年,第400页。

图 3-1 水上人家疍民很可能为卢循起义军后代

嘉撤退，进驻沙埕港内流江、罗唇诸水乡"，后为宋武帝刘裕所灭。① 卢循余部在福建四散而居，繁衍生息。② 福鼎位于闽浙交界，毗邻东海，当有正一道徒活动。这是目前所知福鼎正一派最早的源头。

唐朝时期，中原人口三次大规模南迁福建③，道教徒在福建的活动也更为频繁。其中，霍童山仍然为闽东道教活跃区域，司马承祯、马自然等高道曾经在霍童山隐修。清末长乐文人谢章铤《赌棋山庄集》"春日杂诗"第三首曰："当日崔州守，登坛意自豪。文章宁可恃，池馆亦徒劳。所就虽如此，吾生惜不遭。承祯炼丹处，风雨况悲号。"诗后缀有双排小字曰："崔西叟家灵溪，建亭三十六，元宵张其诗于壁，每夕易之。太姥有司马承祯丹井。"④ 可见司马承祯也曾经在太姥山有过炼丹活动。民国卓剑舟《太姥山全志》也记

---

① 卢宜忠主编：《福鼎县志》，北京：中国统计出版社，1995 年，第 9 页。
② 按：乾隆版《福宁府志》卷四《地理志》推测"白水郎乃卢循余种，散居水上，以船为家"。这一族群直至唐高祖年间，才归顺朝廷（"唐武德中，降其首领"）。《福建移民史》推测白水郎为"南方杜子恭一派天师道的主要信徒"。参见朱珪修、李拔纂：《福宁府志》（乾隆二十七年本），卷四，《山川》，台北：成文出版社，1967 年，第 73 页；林国平、邱季端主编：《福建移民史》，北京：方志出版社，2005 年，第 350 页。
③ 林国平、邱季端主编：《福建移民史》，北京：方志出版社，2005 年，第 30～38 页。
④ 谢章铤：《赌棋山庄集》，"诗三"，清光绪戊子年（1888 年）刻本。

载,司马承祯"遍游名山,尝栖真太姥山中炼药。今山中丹井犹存"。[①]

北宋灭亡以后,全真派兴起于北方的金国,金丹派南宗流行于南方的南宋。福建籍道士白玉蟾真人融摄儒释道思想精髓,并传内丹与雷法,长期活动于广东罗浮山、福建武夷山、霍童山,浙江天台山一带,创立道团,成为金丹派南宗的实际创始人。其时,崇尚雷法与符箓的天心正法派、太乙派、东华派也十分活跃,清微法、神霄法、净明法等新符箓道法也纷纷面世,流行于浙江、福建、江西一带。孔令宏先生等人所撰《浙江道教史》记载了东华派创立人宁全真(两宋之际)与元代传人林灵真的事迹。林灵真(1239—1302)为温州平阳人,擅长斋醮祭炼,曾住持温州天清观。林灵真之后,正一派道士董处谦、张嗣成担任东华派宗师,"表明此时东华派已会归入正一道了"。[②] 今日霞浦一带正一派法师所传科仪文书有"祖师玉堂东华领教开光赞化救苦先生宁真人","东峰林先生"等字样,崇奉东华派宗师宁全真与林灵真,由此亦可见东华派在闽东的流行与传承情况。

图 3-2 潋城古堡

南宋时期,太姥山有道士王亦简和林竹泉,分别在林嵩草堂和蓝溪之畔

---

① 卓剑舟:《太姥山全志》,"仙梵",福鼎市地方志编纂委员会编:《福鼎旧志集》,福州:福建人民出版社,2013年,第461页。

② 孔令宏等:《浙江道教史》,北京:中国社会科学出版社,2015年,第418~419页。

隐居修行，招收潋城杨氏家族子弟杨涅为徒，教授道家玄文。据太姥山水湖石刻可知，宋度宗咸淳九年（1273年），道士杨涅主持工程，将太姥山东岳庙迁建于潋城村，改名曰"石湖道观"。① 嘉庆版《福鼎县志》卷六"流寓"记载，朱熹于宋宁宗庆元年间（1195—1200）"以禁伪学避地长溪，主杨楫家，讲学石湖观，从游者甚众"。② 在此基础上，形成石湖书院。③

图3-3　石湖书院

按：朱子讲学石湖观在前，杨涅主持修建石湖道观在后。推测在杨涅迁建东岳庙之前，潋城已经有道教宫观。杨涅将东岳庙迁至潋城后，进行改建，重新命名曰"石湖道观"。据太姥山石刻可知，杨涅出生于宋理宗嘉熙元年（1237年），宝祐元年（1253年）出家，"师草堂王亦简、蓝溪林竹泉习玄

---

① 参见陈仕玲：《太姥山水湖元代石刻初考》，《福鼎周刊》2013年5月31日第3版、2013年6月7日第3版、2013年6月14日第3版。
② 谭抡纂修：《福鼎县志》（嘉庆十一年），台北：成文出版社，1974年，第666页。笔者按：《八闽通志》载称石湖观"元至治间建"，认为石湖观建于元英宗至治年间（1321—1323）。此处"建"当为重建或修葺。参见黄仲昭：《八闽通志》，下册，福州：福建人民出版社，2006年，第1230页。此外，兰婕女士依据见存玉湖庵茶园的一通石刻认为，石湖观的前身为东岳庙，后来则演变成玉湖庵。推测东岳庙的历史当不晚于南宋。参见叶梅生、张先清主编：《太姥文化：文明进程与乡土记忆》，北京：商务印书馆，2016年，第931页。
③ 叶梅生、张先清主编：《太姥文化：文明进程与乡土记忆》，北京：商务印书馆，2016年，第845页。

文"。学道有成后,曾经在太姥山举行祈雨仪式,"偶应"。宋度宗咸淳九年(1273年)主持修建"石湖道观",但是并未完工。从宋端宗景炎三年(1278年)到元世祖至元二十二年(1285年),杨涅又陆续主持修建了云堂、中殿、璇玑阁、廊庑等,石湖道观才形成一定规模。至元二十三年(1286年),杨涅又创建"成退茅棚",并于至元二十六年(1289年)"易茅以甓",将茅棚改为瓦房,作为自己的"活死人墓",并自作墓志铭曰:"骞云气而遐征兮,曰吾不能。曷不能?吾恶乎与造物者争其衡。劳斯佚也,消也,其不□息也。永兹宅,爰视斯石,使幽人畸士与之□也。"此后某年,杨涅羽化飞升。

图 3-4 祈　雨

摄影:费汉曹

民国以后,道教全真派在福鼎的表现也较为活跃。1995年版《福鼎县志》记载,民国元年(1912年),福鼎前岐熊岭人廖宗炽拜浙江平阳高道王理湘为师,成为全真龙门派委羽山大有宫支系第二十三代弟子。根据民国二十一年(1932年)的统计,当年全县共有道观10所(其中秦屿3所,巽城2所,前岐4所,果洋1所),乾道50人,坤道50余人。民国三十五年(1946年),平阳人郑诚良拜廖宗炽道长为师,精通斋醮科仪,修学命理堪舆,道术高明。①

---

① 卢宜忠主编:《福鼎县志》,北京:中国统计出版社,1995年,第974页。

表 3-1　福鼎市全真道观一览表

道观名称	始建年代	重建年代	道观地址	负责人	备注
清静道观	清乾隆年间	1996 年	桐城街道流美竹脚湾	湛宗康	原为道代观
玄真道观	1886 年	1997 年	前岐镇熊岭村	李敏粉	
青云道观	1897 年	1980 年	前岐镇黄仁村清潭村	林信齐	
清云道观	清代	1976 年	桐城街道上龙山	江宗和	原为五公殿
剑龙道观	清代	1996 年	硖门乡硖门村	张宗宁	原名剑龙宫
福兴道观	1937 年		山前街道梅溪村	陈起桃	
白云道观	1956 年		嵛山镇熊岭村	阮信廉	
云清道观	1998 年		山前街道上坪园	施云仙	
福山道观	2003 年		叠石乡车头村	唐城峰	
玉溪堂	2009 年		龙安玉岐村	郑正华	
玄妙道观	2010 年		桐城街道上龙山	梁崇东	
石狮子观	2009 年		白琳镇外宅村	赖清静	
清修观	2011 年		前岐镇西宅村	李若贤	
清虚观	2011 年		桐城街道石湖老虎湾	夏美金	
清虚观	2013 年		前岐镇黄仁村	林信正	
灵兴观	2010 年		山前街道灰窑后胆	林华阳	

　　1949 年 6 月 11 日,福鼎解放;11 月 1 日,福鼎县人民政府成立。新中国成立初期,福鼎道教逐渐走向衰落。"文化大革命"期间,福鼎道教受到沉重打击,全真道观所剩无余,活跃于民间的正一派法坛及其法师也受到严重冲击,福鼎道教陷入低谷。改革开放以来,党和政府积极落实宗教信仰自由政策,福鼎道教迎来了一个新的发展时期。1980 年,郑诚良道长在前岐熊岭清潭兴建清云道观,弟子 1000 多人,遍及福鼎、福州,浙江苍南、平阳等地。正一派法坛也恢复活动,在民间从事祈福禳灾等各种法事科仪活动。根据田野调查所知,流美清静道观等均修建于改革开放以来。

第二节　福鼎道教道派

元马端临《文献通考》说："道家之术，杂而多端……盖清静一说也，炼养一说也，服食又一说也，符箓又一说也，经典科教又一说也。"[1]道教认为，不同的法术以不同的方面体现了"道"的存在，然则修炼不同的法术都会得到同一的"道"。道派的差别，在某种意义上可以表征为法术的不同。历史上福鼎境内活跃有方仙道、正一派、灵宝派、上清派、东华派、净明派、闾山派等道派。

图 3-5　福鼎灵宝派祖师画像

摄影：赵金飞

一、道教灵宝派

一般认为，道教灵宝派由太极左仙翁葛玄真人所创，主要活跃于江南一带，本山祖庭为江西阁皂山。葛玄，字孝先，丹阳句容（今江苏句容）人。早年师事左慈，擅长辟谷胎息之法，能书符治病。葛玄晚年时追踪左慈，"揭来台霍"。[2]《福建宗教史》认为，"从魏晋之际的左慈，经葛玄、郑隐到葛洪这一派，被称为葛氏道或金丹道，在道教史上占据着十分重要的地位。葛氏道的创始人左慈、葛玄、郑隐均隐居在霍童山修真，无疑对福建道教的发展产

---

[1]　马端临：《文献通考》，卷二二五，《经籍考》，光绪二十二年（1896 年）浙江书局刊本。
[2]　陶弘景：《陶隐居集》，卷下。

生过不小的影响"。① 福鼎毗邻霍童山,当受到葛氏道(灵宝派)的影响。

灵宝派以信奉和传承灵宝系经典而形成教派,也因主传与主修灵宝系经典而得名。在道教诸派中,灵宝派以"慈悲济世,无量度人"而驰名,不但追求个人修道成仙,而且借此以帮助别人,行善得道,普度众生。六朝隋唐时期,灵宝派的经法和修炼思想与上清茅山派发生了融合,逐渐合一。北宋金元时期,阁皂山灵宝宗坛与江西龙虎山正一宗坛、江苏茅山上清宗坛合称"符箓三山",统归江西龙虎山节制。故而,从大的道派划分来看,福鼎灵宝派可归类于道教正一派。

由于历史原因,正一派与灵宝派在教理、教义、方术、符箓等方面大体相同,但是由于福鼎灵宝派的科仪法事多依从灵宝法,故而特以"福鼎灵宝派"称之。

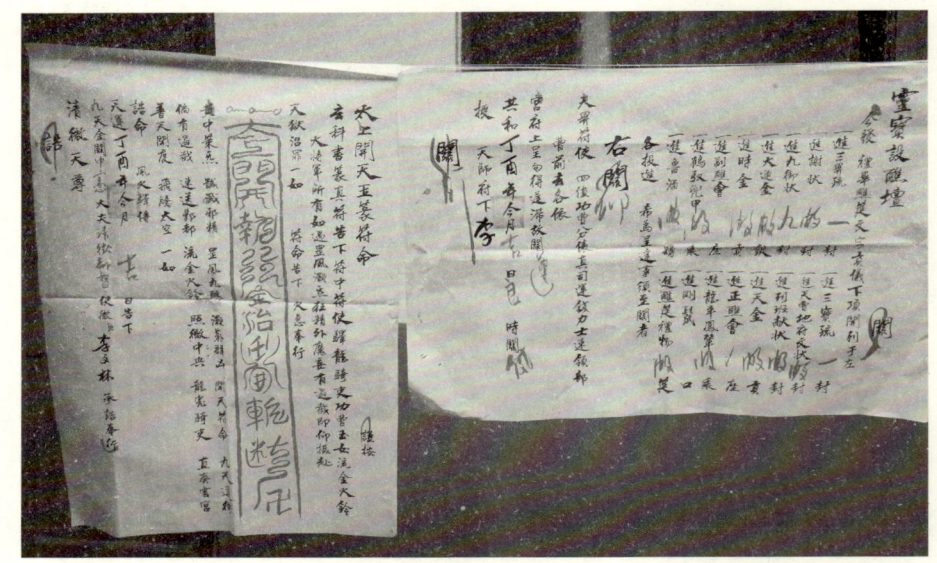

图 3-6　福鼎灵宝派文状

摄影:张永宏

福鼎灵宝派又有"下南道""褛公""师公"等称呼。其中,"下南"特指福建南部(泉州),盖福鼎部分人群在历史上由"下南"(即泉州)迁徙而来。泉州是福建道教较早传入地区,据《泉州道教》所载,灵宝派葛玄祖师亦曾显化泉州,"(泉州)晋江市内坑瑞云岩有葛仙翁寄迹之处,故名'仙境';据传显道

---

① 陈支平主编:《福建宗教史》,福州:福建教育出版社,1996年,第13页。

化杖为龙，又地名‘葛洲’”。[①] 早在晋武帝太康年间（280—289），泉州即建有白云庙（玄妙观前身）。唐宋时期，高道蔡如金、郑文叔、施肩吾、罗隐、杨樵、谭峭、吴本、詹道人、洪圣保、林虚极、裴道人等活跃于泉州地域，由此皆可见泉州道教的繁盛。[②] 道教文化随着人群的迁徙由泉州而传入福鼎，故而福鼎灵宝派也被人们称作“下南道”，即经由中原→泉州→福鼎路线传播的道教派别。

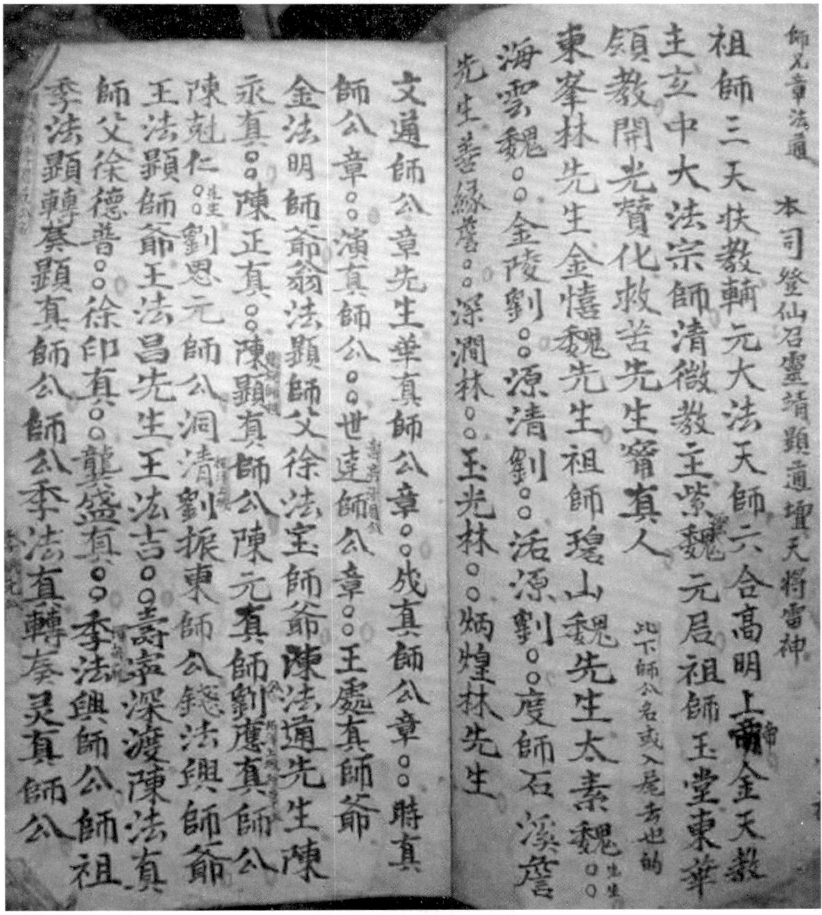
師兄章法通　本司登仙召靈請顯通壇天將雷神
祖師三天扶教輔元大法天師六合高明上帝金天教
主玄中大法宗師清微教主紫魏元君祖師玉堂東華
領教開光贊化救苦先生甯真人
東峯林先生金情魏先生祖師瓊山魏先生太素魏○○
以下師公名或入廢去也的
海雲魏○○金陵劉○○源清劉○○活源劉○○度師石溪詹
先生善緣詹○○深澗林○○玉光林○○炳煌林先生
文道師公章先生華真師公章○○成真師公章○○聘真
師公章○○演真師公○○世達師公章○○王處真師爺
金法明師爺翁法顯師父徐法宝師爺陳法通先生陳
永真○○陳正真○○陳顯真師公陳元真師劉應真師公
陳魁仁○○劉恩元師公洞清劉振東師公鍐法興師爺
王法顯師爺王法昌先生王法吉○○壽寧深渡陳法真
師父徐德普○○徐印真○○龔盛真○○李法興師公師祖
李法顯轉奏顯真師公師公李法真轉奏灵真師公

图 3-7　霞浦灵宝派科仪文书

摄影：章罗宸

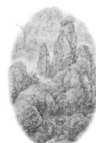

① 郑国栋等：《泉州道教》，厦门：鹭江出版社，1993 年，第 1～2 页。

② 郑国栋等：《泉州道教》，厦门：鹭江出版社，1993 年，第 2～4 页。

福鼎灵宝派均属散居道士,几乎分布在全市各个乡镇。由于区域方言的原因,前岐、贯岭、叠石等乡镇成为福鼎灵宝派最为盛行的地域。1995年版《福鼎县志》载,闽南话是福鼎第二方言,"主要通行于沙埕、前岐、贯岭、嵛山、叠石等乡镇,全县使用闽南话的人达13万多,占全县总人口的30%"。①

根据不完全统计,目前福鼎市共有灵宝派法师300多名,近150个坛口,信教群众有10多万。由于个别灵宝派坛口传教久远,保存有不少宗教遗迹遗物,如唐宋稀有手绘神像,以及明清时期的道具法器和科仪书籍等,具有重要文物保护意义和研究价值。

(一)符箓科仪

福鼎灵宝派主要是以符箓科仪为主,绝大多数科仪在《道藏》中都有收录。这些科仪书总体上可分为两大类:延生科仪与度亡科仪。在行科宣范的整个过程中,需要备有申奏文状、表章、文疏、诰、简、教书、牒文等几十种形式的文疏,开场需要启圣、发奏、咒语等,形式颇为繁复。

图3-8 福鼎灵宝派坛场

摄影:张永宏

---

① 卢宜忠主编:《福鼎县志》,北京:中国统计出版社,1995年,第918页。

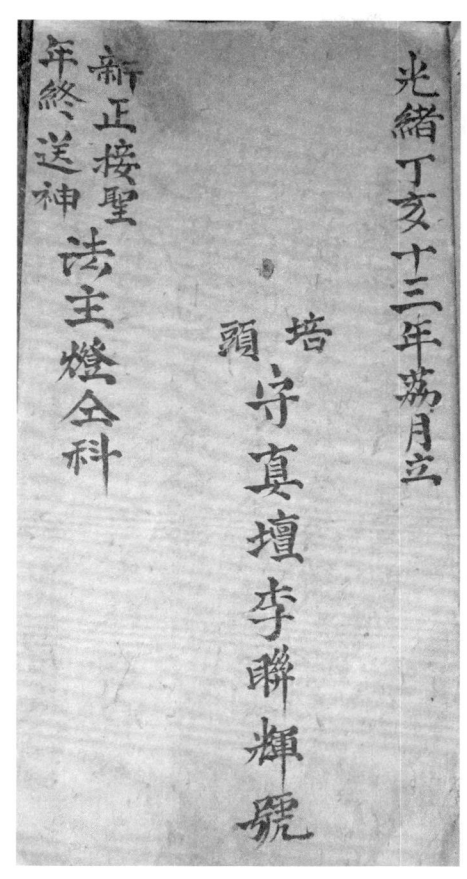
图 3-9　福鼎灵宝派科仪书（一）
图片来源：福鼎市道教协会

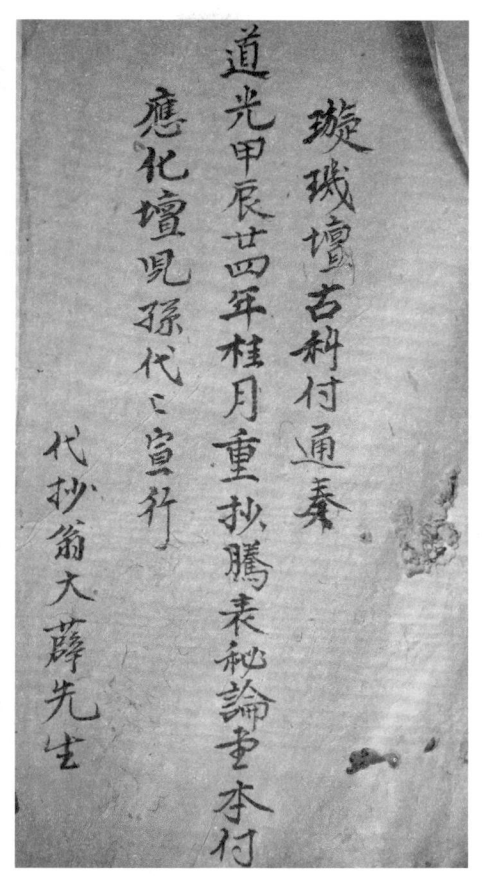
图 3-10　福鼎灵宝派科仪书（二）
图片来源：福鼎市道教协会

基于不同法事目的，灵宝派有玉箓大斋坛、金箓大斋坛、万法宗坛、正一玄坛、药师法忏坛、冥阳功德坛等不同坛场，举行灵宝设醮法会、开光庆扬法会、神霄遗灾设醮法会、预修延生功德法会、冥阳法忏往生功德法会、盟真水陆法会、血湖法会、祈嗣戴花换柳法会、祈安消灾法会、祈雨降霖法会、三元求寿法会等不同道场。

在科仪法事中，福鼎灵宝派对服饰尤为讲究，如有五人上场，高功、都讲、监斋、金、石等，各自所穿的服装都不相同：高功头戴仰冠，身披道袍，刺绣有三台、日月、天宫、左右双龙，以及海礁和吉祥云等图案；都讲与监斋穿八卦服，头戴庄子帽；金、石亦穿青衣。在整个过程中，需要配备五雷号令、天皇号令、七星宝剑、手简、笏藤、钟、磬、木鱼、帝钟、手令、玉玺、号角、天蓬神尺、法绳等20多种法器。

在讽诵经韵的唱腔方面,灵宝派多用三宝词、太极韵、瑶台调、七星板、大回向、小回向、炉焚拍子调、祥和板、男词女调等各种韵调,比较独特。

(二)主要坛口

在历史上,福鼎灵宝派曾有璇玑坛、玄应坛、玄妙坛、应妙坛、通玄坛、玄真坛、守真坛、临真坛、凝真坛、报应坛、应化坛、混元(玄)坛、灵圣坛、通妙坛、玄光坛、静玄坛、云应雷坛等坛口活动,主要有喻氏家族、苏子良、苏迎春、苏回春、林锡甘、林昌抹、徐有达、徐善转、杜锐台、杜腾龙、谢岸永、温悟玄、李式汞、李日峰、李清乡、李俊韶、李俊韵、李俊秀、陈普真等法师传承道法。其中,玄应坛洞真靖传承最为久远。

福鼎正一灵宝派下玄应坛洞真靖,源出店下,清高宗乾隆年间(1736—1795)设坛,开山祖师为喻若梓法师,第二世喻天肢法师,第三世喻大公法师,第四世喻子盘、喻子晏法师,迁福鼎龙埠,第五世喻得锦、喻得参法师,迁居桐山街道水北溪牌坊,第六世喻友纪法师,第七世喻绍鸿法师,将桐山街道十字街应化坛、溪西桥灵圣坛、贯岭镇西山村坝头凝真坛、水北溪桥头玄应坛复真靖整合起来,统归水北溪牌坊玄应坛洞真靖辖管,福鼎灵宝派达到鼎盛阶段,第八世喻立安、喻立宁法师,第九世喻仁宗、王宗在、吴时富、温正波、张淑金、喻仁超等法师,第十世喻秀靖、喻秀梦、林俊秀、江祖操等法师。目前,玄应坛洞真靖仍然是福鼎灵宝派最大的坛口,现任坛主为喻立安道长,门下弟子又衍生镇边村澳底报应坛(吴时富法师主坛)、中山支路通妙坛(王宗在法师主坛)、山前街道普后玄光坛(温正波法师主坛)、水北村路外静玄坛(林俊秀法师主坛)等。

此外,前岐镇黄仁村清潭正一玄真祖坛的历史也颇为久远,开坛祖师徐有达法师,道名鸿理,第二世徐善转法师,奏名拱宸,第三世徐延篇法师,奏名荣升,第四世徐家慨法师,奏名慷夫,第五世徐本璇法师,法名玉衡,第六世徐建阳法师,第七世弟子二三十人,目前活跃于浙南闽东一带。

福鼎灵宝派应妙祖坛于清初由浙江泰顺彭溪镇月湖乡柘下村传入,泰顺法坛则由苍南传入,至今已历八世,其中,第六世林昌抹法师,法名历臣,传法于林贵录、林贵殿法师,林贵殿法师(字春程,法名晖廷)为坛主,授徒十多人。

又有通真祖靖云应雷坛,由乌杯杜家于明太祖洪武元年(1368年)传自

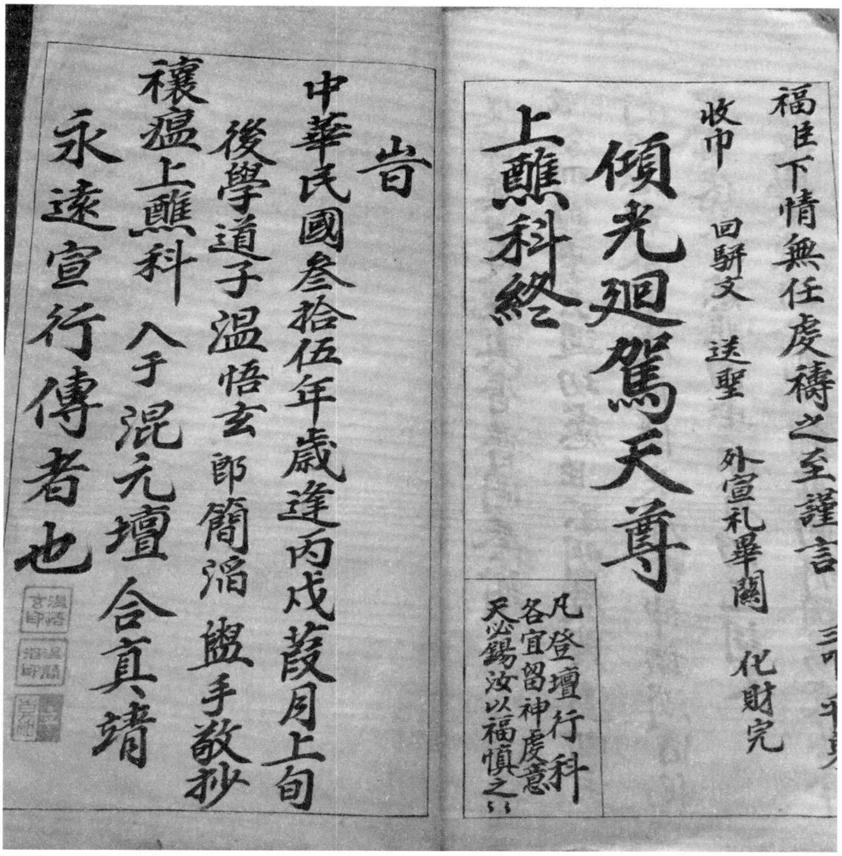

图 3-11 福鼎灵宝派科仪书（三）

图片来源：福鼎市道教协会

江西龙虎山，惜乎传承谱系不详，到了明后期，明神宗万历年间杜铠台法师、明思宗崇祯年间杜腾龙法师比较有名。云应坛传承二十四代之后，于清德宗光绪二十六年（1900年）分衍出德真至靖云应雷坛，坛主为谢岸永法师，法名品芳，号六仙，在浙南闽东一带弘法传道。此后历代主坛及主要法师有：谢承忠法师（法名淦臣），谢祖铸法师（法名咸云）、乃弟谢祖鹤（法名咸珍），目前坛主为谢德成法师（法名章华），师弟董晋坤（法名章衣）、苏孝某（法名章鸣），坛下弟子有谢宗源、李家铁、罗成泵等。

另有山前郭谋讶道长传承正一灵宝法。郭道长字步青，法名道宗，演庆祖场，门生六人。目前，主坛为其长孙郭振坤道长（法名郭星辉）。

福鼎灵宝派道士在成立坛靖之前,必须拜师学法三至五年,掌握道教基本教理教义与科仪,熟练掌握各种"秘要",方可开坛立靖。开坛的形式与《道藏》中所述阅箓科仪基本相同(包括道士羽化后缴箓也与《道藏》相关科仪相似)。由于灵宝派与正一派具有密切的关系,近几年来,个别道士前往鹰潭龙虎山天师府受箓,接受了正一法箓,表明福鼎灵宝派的发展新迹象。然而,由于社会变迁,观念变化,年轻一代大多不愿意习学灵宝法,福鼎灵宝派人才匮乏,传承发展遭遇巨大瓶颈。

二、道教净明派

道教净明派尊奉两晋高道许逊为始祖。许逊(239—374),字敬之,世为许昌人。生而颖悟,与众不同。及长,曾经射杀一只怀孕的母鹿,鹿子堕后,母鹿临死前"犹回顾舐之"。许逊因此感悟孝悌之道,拜师吴猛学法。随后与吴猛同参谌母真人,习得净明法,仗剑斩蛇,为民除害,受到时人敬戴。晋武帝太康元年(280年),许逊出任旌阳(今四川德阳)县令,为政清廉,治法简易,吏民悦服。因为预感到晋室将乱,遂弃官东归,隐居江湖。晋孝武帝宁康二年(374年)举家飞升于豫章(今江西南昌)西山。有《太上灵宝净明飞仙度人经法》《灵剑子》《石函记》《玉匣记》等行世。①

许逊因为射鹿而感悟孝悌之道,后人因之发展其思想而形成净明忠孝道。《净明忠孝全书》卷一记载,宋高宗建炎二年(1128年),道士何真公祈请许真君救度,得受"度人净明大法",特此建立冀真坛,传度弟子500多人,净明忠孝之道遂传于世。② 与此同时,由于许逊仗剑斩蛟,为民除害,后人多有习学其法术者,尊许逊为"闾山正堂法主",形成闾山派。许逊弟子陈靖姑学法有成,在闽东一带除妖灭怪,广有影响,扩大了闾山派的传播。

福鼎净明派(当地俗称"尪师")具有融合净明法与闾山法的特色,尊戴许逊真人为教主,尊奉临水夫人陈靖姑为祖师。"尪师"全部为居家法师,不常住宫观,散在民间,可娶家室,虽有斋戒,但非斋期可食荤。根据2013年

---

① 黄元吉:《净明忠孝全书》,卷一,张宇初等主编:《道藏》,第24册,北京—上海—天津:文物出版社、上海书店、天津古籍出版社,1987年,第623～626页;参见闵智亭、李养正主编:《道教大辞典》,北京:华夏出版社,1994年,第501页。

② 黄元吉:《净明忠孝全书》,卷一,张宇初等主编:《道藏》,第24册,北京—上海—天津:文物出版社、上海书店、天津古籍出版社,1987年,第629页。

图 3-12　福鼎净明派祖师画像(一)

摄影:赵金飞

图 3-13　福鼎净明派祖师画像(二)

赵金飞摄

的统计,全市共有近 20 个净明派法坛,"尪师"500 多人。

(一)坛口分布与法脉传承

福鼎净明派主要分布在福鼎市桐山街道、山前街道、前岐镇、白琳镇、贯岭镇、管阳镇、磻溪镇、沙埕镇、叠石乡、佳阳乡、龙安开发区等区域,"尪师"们在各个乡镇开坛立靖,从事各种道场活动。

福鼎净明派坛口主要有前岐街道顶玄妙祖坛、山前街道普照祖坛、前岐玄妙坛、秦屿山兜守真玄坛、点头上宅灵济雷坛太虚真靖、店下桥头守真玄坛、福鼎城关应玄雷坛、贯岭守真坛、前岐宝化坛、前岐定性坛、岔门村高墙通玄真坛、灵旺兴坛、桐山宝庙灵济雷坛等。

福鼎净明派法师主要有山前普照祖坛郑昌蕉、白琳镇吴克跃、贯岭守真坛王大银、点头丁振礼、前岐玄妙坛郑光亦、前岐宝化坛蔡孙欧、前岐定性坛郑光日等。

其中,较有影响的玄妙祖坛由清末民初闽东高道郑声柞法师所创。郑声柞法师,字石妹,法名道宏,号英畴,祖籍贯岭镇文洋门头内。据族谱记载,郑声柞法师于清末帝宣统二年(1910年)求道于文山上宅朱法隆先生,民国十年(1921年),郑声柞法师迁居前岐街道顶,传男郑振茂(法名春光)、郑振菊(法名世芳)、郑振速(法名世泉),孙辈传其法者有郑光奕(法名长绵)、郑光军(法名永生,江西龙虎山天师府授箓生),曾孙辈有郑宗势、郑宗锦等。由玄妙祖坛分衍出普照坛、玄一坛、宝化坛、定性坛等坛口。

山前街道普照祖坛的传承历史为:

第一代:贯岭镇文洋村门头玄妙坛传教道士郑声柞(道名道宏,号英畴,字石妹)。

第二代:山前街道普照坛郑振客(道名秀清)。

第三代:郑光庭(郑振客之子,道名长明,字永德)。

第四代:郑昌蕉(道名朝山,字昌茂)、廖宝樟(道名玄宗,字玉龙)、丁振强、赖起士等。

第五代(郑昌蕉门下):梁世枪、周克镇、陈尔级、杨德杰等。

前岐古城玄一坛的传承历史为:

第一代:贯岭文洋门头内道士郑声柞(法名道宏,字英畴)。

第二代:郑振菊(法名世芳)。

第三代:郑光铿(法名永康),门人董学阳(法名长熙)、郑昌泼(法名朝扬)等。

福鼎前岐街道宝化坛的传承历史为：

第一代：贯岭文洋门头内郑声柞法师（法名道宏）。

第二代：前岐古城内玄一坛，郑振菊（法名世芳）。

第三代：前岐街道宝化坛，蔡孙欧（天师府授箓生，法名罗欧）。

第四代：蔡奕瑞（法名妙卿，蔡罗欧法师之子）、林永铝（法名长寿）、王清岁（法名昌龄）、郑宗拓（法名步云）、林兴铺（法名妙禄）、李思权（法名正利）等。

前岐街道顶定性坛的传承历史为：

第一代：贯岭文洋门头内郑声柞（法名道宏）。

第二代：前岐街道顶玄妙祖坛郑振速（法名世泉，天师府授箓）。

第三代：前岐街道顶定性坛郑光日（法名长乐）。

第四代：林可真、易际淑、廖宝振、陈尊鹏、刘建民等。

此外，桐山镇岔门村高墙净明派自清世宗雍正年间（1723—1735）传入，其传承谱系暨坛靖名称为：

第一世：蓝士迁（法名妙真），集应雷坛，感真灵靖。

第二世：蓝孔瑞（法名应明），灵妙雷坛，通真化靖。

第三世：蓝子其（法名行顺），济应雷坛，通达玄靖。

第四世：蓝明珠（法名法清），兴显雷坛，道明法靖。

第五世：蓝茂双（法名显旺），显济雷坛，通元显靖。

第六世：蓝景钗（法名照华），感应雷坛，显真法靖。

第七世：蓝清登（法名宏通），玄法雷坛，明登性靖。

蓝清海（法名宏达），彰应雷坛，诚真性靖。

第八世：蓝春桂（法名通灵），通玄真坛，混元会靖。

蓝春莲（法名通吉），法显行坛，玉虚玄靖。

蓝春香（法名通显），玄通雷坛，真元和靖。

蓝春圆（法名通应），灵旺兴坛，毓素真靖。

第九世：蓝春莲门生蓝颜棐（法名达显）。

曾韩件（法名达真）及门下30人左右。

李余弟（法名达贵）。

点头上宅净明派传自清世祖顺治元年（1644年），其传承谱系为：

第一代：林明景（法名守真）。

第二代：林元思（法名圣灵）。

第三代：林大懋（法名文显）、林大炀（法名昇明）。

第四代：林尚贵（法名永盛）。

第五代：林子瑜（法名弼灵）。

第六代：林伯栊（法名云法）。

第七代：林国伍（法名进昌）、林章十（法名应昇）、林有榜（法名明晖）、林华七（法名显达）。

第八代：林士培（法名感明）。

第九代：林有伟（法名尚旺）。

第十代：林志奇（法名法明）、林志官（法名普兴）。

第十一代：林天贵（法名秀聪）。

第十二代：林宗聚（字曲星，法名法正，号斗山）。

第十三代：林孔涵（法名显明）、林孔施（法号济昌）。

第十四代：林孟蔚（法名照琼）、林孟銮（法名照兴）、林孟生（法名照灵）、林孟盛（法名照清）。

第十五代：林学锐（法名恒真，号少瑜，字茂钱）、林学营（法名恒兴）、林学蕉（法名恒迎）、林学钝（法名恒胜）、林学钟（法名恒升）。

第十六代：林绍洋（字美溢，法名广灵），传授门生分布于点头顺兴里、点头桥头庄通明、管阳茶洋汪阿喜、料山、桐山宝庙、张朝雷、山柘西洋尾、点头江尾后取瓜坪等地，为第十七代门生。

现存管阳茶洋林丹湖（字光鏊，法名达显）、桐山宝庙林华生（字光茂，法名达应，坛号为灵济雷坛），为第十八代门人。

第十九代：林嘉宁（字章辉，法名颢圣），传授门徒陈常合、袁家强、李成兵、林进近等，为第二十代门人。

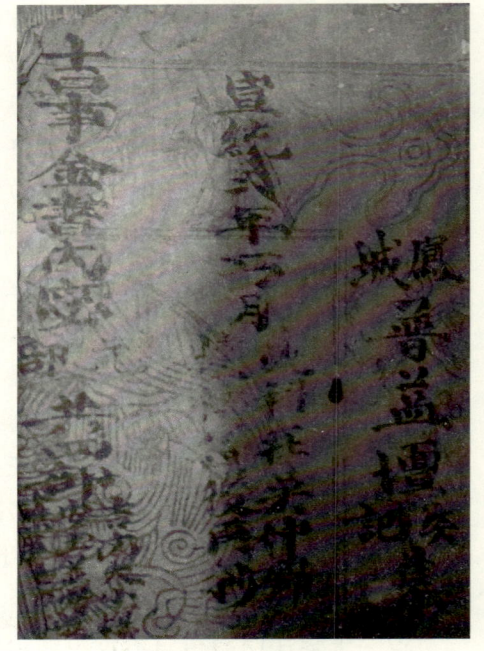

图 3-14　福鼎净明派科仪书（一）

摄影：赵金飞

(二)科仪抄本与道场法事

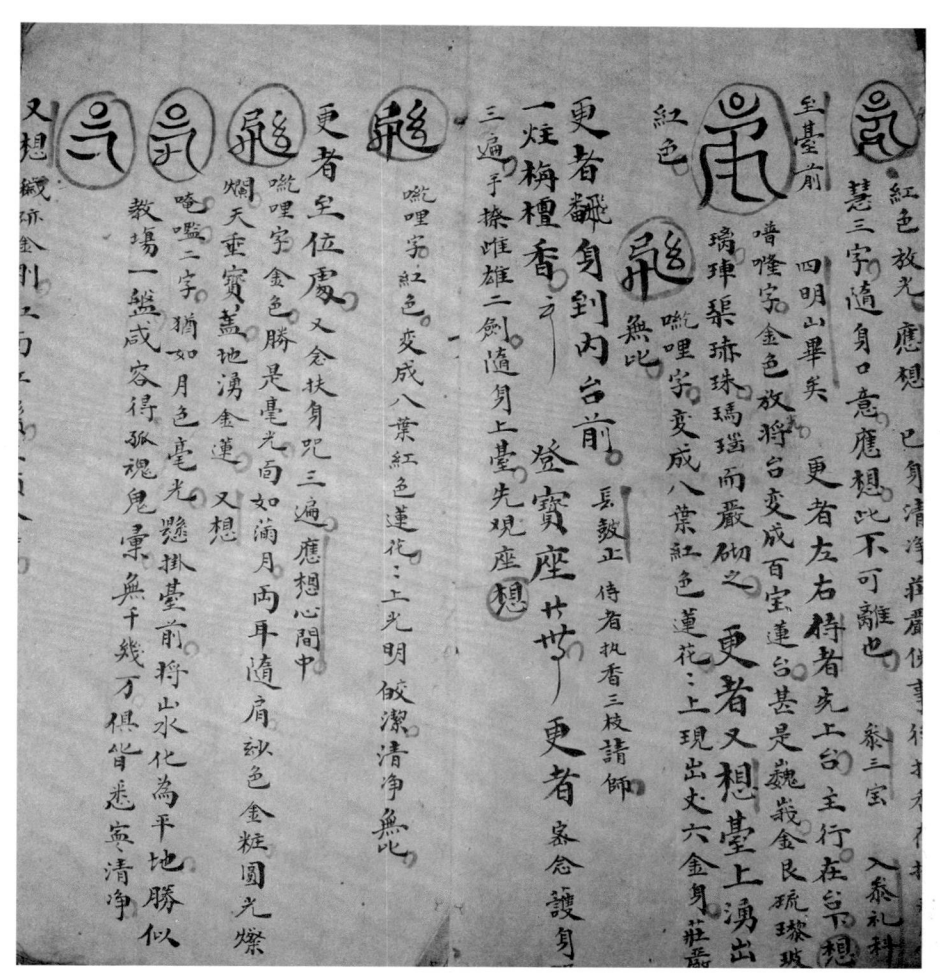

图 3-15　福鼎净明派科仪书(二)

摄影:赵金飞

福鼎净明派以文洋山派系科仪书保存最为整全,主要有《皈坛醮》《九厄灯仪》《全形仪》《医治全形仪》《催召仪》《颁玉札仪》《分灯仪》《招魂仪》《咒食仪》《诸大地狱灯》《诸神符醮》《血湖类》《液神符醮》《除尸累服金》《投水简》《投土简》《监度醮》《投山简》《九幽忏》《九幽灯》《三十二天灯》《破狱灯》《破洞仪》《起镇仪》《安镇仪》《缴箓上醮》《散坛醮》《谢恩醮》《上下十方忏》《宿启仪》《颁玉清大赦》《师友亡过三朝》《真灵醮》《铁皮庙》《王九洲科》《沐浴科》《炼度醮》《十王醮》《冥府醮》《竖幡仪》《关发三献》《立幕仪》《缴箓醮》《传度醮》《补职说戒科》《金箓灯》《金钟玉磬科》《章官醮》《度关科》《拔鬼箭科》《九楼科》《三界科》《过火砖》《落油鐤》《打暗火》《过火焰山》《火坑碗》《九洲科》《迁洲科》《刀梯科》《过林科》《抢魂科》《收魂科》《召天地兵科》《三落军》《总神科》《赏明军》《赏军科》《藏身科》《单朝仪》《传戒仪》《三朝行道仪》《竖九天幡仪》《大献谢恩醮仪》《大献三朝行道仪》《大献灵官仪》《大献告札仪》《大醮自然朝仪》《玄都大献玉山净供仪》《九炼返生仪》《立诸司幕仪》《下十方忏悔仪》《上十方忏悔仪》《赦玉清大赦仪》《六上转经仪》《起灵三奠仪》《十真君醮仪》《藏棺仪》《三涂五苦灯仪》《敕水仪》《放生仪》《施贫仪》《监迁神旙仪》《监告盟旙仪》《监回耀旙仪》《监命灵旙仪》《小禁坛仪》《大禁坛仪》《大五岳科》《小五岳科》《大罗山》《小罗山》《五龙曳》等。

其中,《破洞仪》最为隆盛,共有108洞,分别为:(1)打虚洞;(2)打黑云洞;(3)花古洞;(4)做水弓洞;(5)打八卦洞;(6)打狐狸洞;(7)打天罗地网洞;(8)打雷公洞;(9)火珊大洞;(10)招风大洞;(11)五岳山洞;(12)黑风大洞;(13)南蛇大洞;(14)七星洞;(15)童子洞;(16)打茆山洞;(17)打孩儿洞;(18)流神洞;(19)戏神洞;(20)罗向;(21)九龙起井;(22)仙桃洞;(23)鳌山洞;(24)水花洞;(25)风容洞;(26)招魂洞;(27)六容洞;(28)虚空洞;(29)做牛王;(30)童子洞;(31)三界破胎洞;(32)破胎洞;(33)水晶洞;(34)童子洞;(35)临急洞;(36)小儿煞洞;(37)藏命宫;(38)八仙庙;(39)迷魂洞;(40)关煞洞;(41)太平庙;(42)临门庙;(43)石盘水昌洞;(44)大十伤庙;(45)小十伤洞;(46)大罗山;(47)小罗山;(48)三界洞;(49)劫山桃源洞;(50)大七星;(51)大九州;(52)小九州;(53)神罗庙;(54)飞虎洞;(55)山在洞;(56)木马洞;(57)雷公洞;(58)火丹洞;(59)花邪洞;(60)黑阳洞;(61)水晶洞;(62)太阳洞;(63)太阴洞;(64)土瘟庙;(65)铁皮洞;(66)大五岳;(67)小五岳;(68)白虎煞洞;(69)真珠洞;(70)黑风洞;(71)黑鳌洞;(72)迷魂洞;(73)含元洞;(74)火星洞;(75)三合洞;(76)石合洞;(77)罗网洞;(78)小七星;(79)蓝蛇洞;(80)黑暗洞;(81)珍珠洞;(82)水濂洞;(83)披麻洞;(84)杨梅洞;(85)花童洞;(86)三星洞;(87)仙罗洞;(88)茅草洞;(89)游山庙;(90)开山洞;(91)飞霞洞;(92)西朝洞;(93)花果洞;(94)金灵洞;(95)黑风洞;(96)火丹洞;(97)天门洞;(98)立门庙;(99)五虎洞;(100)雷火洞;(101)酆都洞;(102)石兰洞;(103)璃嵝洞;(104)嫦娥洞;(105)投胎洞;(106)水洋洞;(107)石合洞;(108)飞云洞。

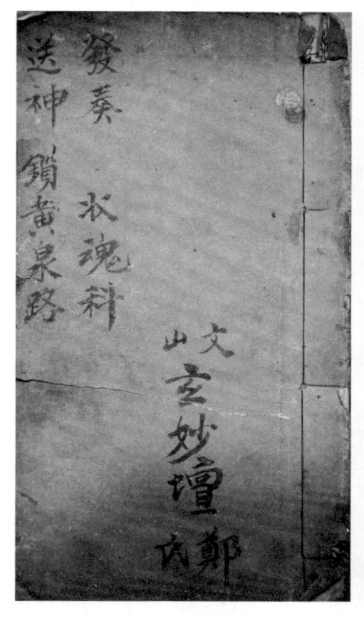

图3-16　福鼎净明派科仪书(三)
摄影:赵金飞

图3-17　福鼎净明派科仪书(四)
摄影:赵金飞

在具体的道场法事活动中,福鼎净明派各种科仪相互搭配,组成比较严谨有序的程式,如玄妙坛、普照坛的武科道场有"大尪科仪三十六洞,小尪科仪七十二洞"之说,专治病人各种癫狂、邪鬼缠身、恶煞刑冲等。在破洞的时候,先起请水,洗净坛场,请总神,请万法宗师;然后布十阵军兵;紧接着举行赏军科仪(用以犒赏军兵)、三落军科仪(用以追遣邪神,使病人精神安定)、召兵科仪(用以召天兵天将地兵地将,追遣邪精鬼怪)、黑阳洞科仪(用以夺抢病人三魂七魄,再归还病人本身)、造花船科仪(用以收送邪精鬼怪入船,遣送他方),等等,相当完备而丰赡。

其中,禳关道场是福鼎净明派经常做的法事活动。根据福鼎民俗,父母双亲前来拜见法师,禀明自己孩子的生辰八字,法师据此推断孩子命中所带的关煞。然后选中一个黄道吉日,净明派法师前来事主家中做禳关道场。禳关道场的详细流程如下:

　　首先准备好供品、花筵、灯烛、果品等,由法师排列于香案之上,然后开始启请神明。

鼓发三通之后，法师吹角，召请四值功曹符使，传奏状文至三宫皇母临水殿前，而后排列牲馔，启请三元宗师列圣天下名山洞府得道神仙降驾坛场。佐助禳关殄煞保太平，以清香茗茶酒果敬献圣真。

随后在坛前宣诵《太阴皇君三皈依皇君真经》，同时设值年太岁、司命灶君、临水三位夫人三醮仪，修设皇君夫人星灯仪，排起北斗九皇夫人米图，燃点十六盏星灯，念《斗灯咒》曰：上帝有赖，法点斗灯，七星求降，救护众生，左辅右弼，显赫威灵，天蓬元帅……

由此解除十二宫诸关煞和二十四厄难，将其于水中化作微尘，消解其祸乱。

然后依《婆姐科》请上界三宫皇母、中界临水夫人、下界诸宫乳母、外筵五路童子，向三界神明祈求庇

图 3-18 禳关道场
摄影：吴维泉

佑孩儿关津开泰，命基坚固，三十六关消散，七十二煞消除。与此同时，造钱焚裱于三界神祇，禀告三元教主，召请间山军兵，前来造河养水收生魂，造七层宝塔，同时念咒曰：一层宝塔一层高，儿子塔上笑呵呵，筵中圣贤亲作证，福佑孩童断邪魔。二层宝塔……

接着是锁塔劝儿，引导孩子过桥、落河、搅河，彻底解除其因为关煞所带来的各种危险。

若是孩子命中八字带有铁蛇关和天狗关，则要造桥入房，请铁蛇神和天狗神。凡是孩子命带这两关，需要收集三十六姓钱，拿去买白果。然后用白果做成五条蛇或五只狗，还要做十二生肖面点，将其一起放在房中。待法师请铁蛇神和天狗神完毕之后，将白果做成的五条蛇、五只狗和十二生肖押出房中，来到坛前的蛇狗关。这时，净明派法师执七星宝剑，果断地斩断蛇狗，使之首尾分离，然后将其押在五岳山下、金井之

中,从而永断此关煞所可能带来的祸患。

除了禳关道场之外,奶娘催罡也是福鼎净明派法师经常做的法事活动。何绵山先生特别描述了流行于闽东地区的奶娘催罡科仪,认为代表了福建道教舞蹈的独特性:

《奶娘催罡》共分三个章节:(1)净坛;(2)请神;(3)催罡。"净坛""请神"属道场的引子规程,"催罡"为道家法术,由十一个动作组成,即:"八步",为道术,将天地分为"天门""地府""人门""鬼路"四个方位,用八步催赶邪魔,以免鬼魂在人间作祟成祸;"锁练",即锁妖练鬼;"失亥",为超度亡魂;"养身",为生儿育女;"梳头""扣缠""洗面""照镜",为奶娘出征前的梳妆打扮;"笼米""筛米""钓鱼",对人寿丰年、共享太平的一种祈求和祝福。①

整个科仪过程再现了闾山派宗师临水夫人陈靖姑学法、作法、生育、斩妖的全过程,强化了道人和民众对临水夫人的崇敬与爱戴,同时也具有驱邪祈福的宗教寓意,是福鼎净明派法师经常展演的科仪法事。

图 3-19 翻九台

摄影:张永宏

---

① 何绵山:《福建宗教文化》,天津:天津社会科学院出版社,2004 年,第 127 页。

无论是禳关道场,还是奶娘催罡,都需要搭设坛场,进行展演。坛场一般为"三界台"(又名"雨台"),由三张方桌重叠垒起,法师作法之时,攀爬于第三层方桌之上。① 在福鼎民间还有"翻九台"的仪式,就是用九张桌子叠桌搭台设坛,由净明派主坛法师翻越至最高层,进行科仪法事。李留梅向我们描述了店下求雨法事中"翻九台"的惊险场景:

  店下所用的求雨台用7张或9张,甚至有时是11张,一张一张层叠在一起,搭成塔状,桌塔的最高层桌面称为"台",最高达10多米。法师头裹红绸头巾、腰围麻布制的"师裙",在一系列的科仪之后,随后进行提台表演,即将塔台一侧提起,两只桌角离地近10厘米,整座台身侧斜。提台后,翻九台的表演正式开始。法师手提牛角号,在锣鼓声、鞭炮声中,从地面逐层翻身登上高台,过程中脚趾沿桌边慢移,同时吹响牛角号施法念咒,有时还要跳跃"禹步"。到法事结束后,道士再从最顶上一台台翻将下来,安然无恙!②

翻九台有时又叫"翻九楼""吊九楼",在闽东、浙南一带十分流行。2008年,由浙江杭州市、东阳市联合申报的翻九楼被列入第二批国家级非物质文化遗产名录。

三、道教全真派

道教全真派嗣老君遗教、秉东华演教、承钟吕传教,开宗于辅极帝君王重阳祖师。王重阳(1112—1170),金代道士,原名中孚,字允卿,入道后改名嚞,字知明,号重阳子。金世宗大定七年(1167年),王重阳离开陕西,前往山东传教,招收马钰、谭处端、刘处玄、丘处机、王处一、郝大通、孙不二等七大弟子,世称"全真七子"。七子各自创派,弘道传教。全真派全面而深刻地继承了传统道家思想,更将科仪、戒律、符箓、丹药等道家文化瑰宝重新整合,为今日道教奠定了基础。

道教全真派起先只在北方传播。元朝统一中国后,开始传播至江南。

---

① 参见张永宏:《七月流火觅仙踪:柘荣马仙信俗文化田野考察报告》,北京:宗教文化出版社,2015年,第148~152页。

② 李留梅:《店下求雨习俗》,《福鼎文史·店下专辑》,内部刊行,2007年,第208页;转引自叶梅生、张先清主编:《太姥文化:文明进程与乡土记忆》,北京:商务印书馆,2016年,第555页。

故而,全真派传入福鼎的时间不早于元代。明清时期,桐城流美水尾有座全真道观,常住近500人。1995年版《福鼎县志》记载,民国元年(1912年),福鼎前岐熊岭人廖宗炽拜浙江平阳高道王理湘为师,成为全真龙门派委羽山大有宫系第二十三代弟子。根据民国二十一年(1932年)的统计,当年全县共有道观10所(其中秦屿3所,巽城2所,前岐4所,果洋1所),乾道50人,坤道50余人。民国三十五年(1946年),平阳人郑诚良拜廖宗炽道长为师,精通斋醮科仪,修学命理堪舆,道术高明,长期在浙南、福鼎一带传道弘法,广有影响。①

1949年6月11日,福鼎解放。新中国成立初期,由于特殊的历史环境,福鼎道教逐渐走向衰落。"文化大革命"期间,福鼎道教受到沉重打击,全真道观所剩无余,福鼎道教陷入低谷。

中共十一届三中全会召开以后,特别是改革开放以来,党和政府落实宗教信仰自由政策,福鼎道教迎来又一个发展时期。1980年,郑诚良道长在前岐熊岭清潭兴建清云道观,弟子1000多人,遍及福鼎、福州、浙江苍南、平阳等地。

目前,福鼎全真派共有道观19座,乾道28位,坤道32位,俗家弟子2452位,信众约5万人。

(一)全真法脉传承

明清以降,全真派除了丘处机真人所创龙门派一度中兴外,其他派别均衰落不振。邱祖龙门派按照"龙门百字辈"的谱系来传承:"道德通玄静,真常守太清,一阳来复本,合教永圆明。至理宗诚信,崇高嗣法兴,世景荣维懋,希夷衍自临。微修正仁义,超升云会登,大妙中黄贵,圣体全用功。虚空乾坤秀,金木性相逢,山海龙虎交,莲开现宝身。行满丹书诏,月盈祥光生,万古续仙号,三界都是亲。"目前所知,福鼎全真派第一代传入者为"宗"字辈玄裔廖宗炽,乃师为"理"字辈高道王理湘。

福鼎全真派第一代祖师王理湘道长少年好道,清宣统三年(1911年)随其师祖薛明德出家于溪头龙隐观,礼石至鹤、吴至荣为师,修道养德,与道合真。民国二十二年(1933年)在黄岩委羽山大有宫蒋宗翰律师受三坛大戒,

---

① 卢宜忠主编:《福鼎县志》,北京:中国统计出版社,1995年,第974页。

号士衡子,随后在浙南一带传教,先后创建大宫观五座共计78间,授徒73人,其中苍南徒弟70人,几乎分布整个苍南,是苍南道教中兴时期的重要人物。民国二十九年(1940年)所修《委羽洞天邱祖龙门宗谱》称王理湘"谨持戒律,克励清修,为晚近道门中之矫矫不群者也"。①

第二代宗师廖宗炽道长是福鼎前岐熊岭人,于民国元年(1912年)拜王理湘祖师为师,传承全真龙门派委羽山大有宫系法脉。

第三代宗师郑诚良道长是浙江平阳人,民国三十五年(1946年)拜廖宗炽宗师为师,接续委羽山龙门法脉。1980年,郑诚良道长在前岐熊岭清潭兴建清云道观,前后收徒1000多人,是改革开放以来福鼎全真派的中兴大师。1988年,郑诚良道长撰写《八德》一书,影响深远。

目前福鼎全真派法脉主要是邱祖龙门派"宗"字辈、"诚"字辈和"信"字辈。

图 3-20　全真派清静道观为汶川灾区人民祈福道场(2008年)

图片来源:福鼎市道教协会。

---

①　王松渠等纂:《委羽洞天邱祖龙门宗谱》,卷二,民国二十九年(1940年)浙江黄岩委羽山刊本。

（二）全真法事科仪

全真道教科仪（俗称"做道场"或"做法事"）有阳事科仪与阴事科仪之分。其中，阳事科仪又分为祝寿庆贺、祈福禳祸、消灾解厄、祛病延寿、祈保平安、酬神谢愿等，阴事科仪则包括施食炼度、超度生方等法事。具体的科仪名称有冠巾科、文昌科仪、观音朝仪、龙王朝科、文财神科仪、太阴朝科、祀灶科仪、三清朝科、关帝朝科、祝寿科、庆贺科、扬幡科、普谢、落幡、下榜科、全真玄坛接驾科仪、开坛科仪、请水安水科仪、玉皇大表科仪、真武朝科、吕祖朝科、大回向文、送神科、请圣科、祭孤救苦、城隍济灵科、朝真安灵科、摄召科、渡桥科仪、沐浴科仪、邱祖朝科、三元朝科、圣母朝科、诸真朝科、三元午朝科、玉皇午朝科、荡秽科、天地祝将科、玉皇朝科、九皇朝科、顺星科仪等，内容十分详备。

第三节　道教宫观分布

道教宫观是奉祀神真、诵经作法、清静修道的场所，又有"院""殿""堂""坛""庵"等称呼。《道书援神契》解释说："古者王侯之居皆曰'宫'，城门之两旁高楼谓之'观'。"[①]全真派祖师王嚞《重阳立教十五论》开篇即要求道人"住庵"："凡出家者，先须投庵。庵者，舍也，一身依倚。"[②]强调宫观庵堂的实用性。福鼎境内道教宫观大多有全真道人居住。

一、流美清静道观

清静道观，位于福鼎市桐城街道流美竹脚湾三条岗，前临灰窑山，俯瞰桐城，背靠三面茶山，环境优美。

清静道观主体建筑坐南朝北，由大罗宝殿、文昌殿、斗姆阁、藏经楼、丹房、斋堂等构成，建筑面积1400平方米，占地面积3700平方米。其中，大罗

---

①　佚名：《道书援神契》，张宇初等主编：《道藏》，第32册，北京—上海—天津：文物出版社、上海书店、天津古籍出版社，1987年，第144页。

②　王嚞：《重阳立教十五论》，张宇初等主编：《道藏》，第32册，北京—上海—天津：文物出版社、上海书店、天津古籍出版社，1987年，第153页。

宝殿建成于1998年,歇山顶,面阔三间,进深两间,奉祀三清道祖、玉皇大帝、三官大帝、紫微大帝、玄天大帝、雷声普化天尊、太乙救苦天尊、华光大帝、吕祖、邱祖、广泽尊王、许府真君等道教神明。斗姆阁建成于2007年,重檐歇山,面阔五间,进深三间,雕梁画栋,美轮美奂,正中奉祀斗姆元君,左为九天玄女,右为观音大士,后座奉祀太姥娘娘、骊山老母、闾山老姆、陈林李三位夫人等女神。文昌阁与藏经楼建成于2009年,主要供奉文昌帝君。

清静道观的前身为始建于清朝乾隆年间的道代观,据故老相传,鼎盛时期的道代观有500常住,香火旺盛。但是由于种种原因,道代观后来衰落了。新中国成立初期,道代观仅剩断壁残垣,"文革"期间,道代观所剩无几。1996年,在广大信众和社会各界支持下,由湛宗康道长主持,重建道观,取名曰"清静道观"。经过二十多年的苦心经营,始形成今日的规模。

图 3-21　首届太姥娘娘祭祀庆典在清静道观举行
图片来源:福鼎市道教协会。

清静道观现任住持湛宗康道长是全真龙门派第二十三代玄裔,20多岁时在浙江苍南三清观皈依,1992年出家,41岁时受福鼎弟子之邀,前来弘道,于1996年主持重建清静道观。据传,在修建大罗宝殿的时候,主体工程已经完成,但是还没有举行开光庆典,在没有焚香的情况下,众人居然都闻到了浓郁的香气。2009年斗姆殿建成,原计划将九天玄女圣像奉安在右边,但是众工匠扛抬圣像时,好似有千斤之重,怎么也抬不起来。湛道长焚香祈请,在玄冥中,太上老君告知,九天玄女想居于左边。众人重新抬扛,一下子轻了好多,这才将圣像奉安于左边。种种事迹均表明神灵威德,阴阳莫测,神妙无比。

清静道观日常早晚功课由常住道长带领居士进行,也经常为信众举行拜忏、安太岁等法事活动。由于湛宗康道长在浙南学习斋醮科仪,故而清静道观的经诵法事采用浙江韵中的苍南韵。

每年农历七月初七日是太姥娘娘得道飞升纪念日,清静道观都会举行三天祈福法会,庆祝太姥娘娘圣典。2012年8月23日(农历七月初七日),福鼎道教协会举行隆重的"首届福鼎白茶始祖太姥娘娘祭典活动"。太姥娘娘巡境队伍从清静道观出发,途经江滨大路、海口路、太姥大道、富民路、天湖大道、玉龙北路,再从天湖大道返回清静道观。整个巡游队伍由20多个方阵组成。太姥娘娘圣像所到之处,沿街市民纷纷焚香膜拜,祈求四季平安。同年,"太姥娘娘传说"被列入福鼎市第二批非物质文化遗产保护名录。

二、桐城清云道观

清云道观,位于福鼎市桐城上龙山之中,上龙山所在地为桐山八景之一的"龙山霁雪"。龙山山体依东北—西南走向,状如飞龙,山势巍峨,绵延数里。清乾隆年间福宁知府李拔形容"龙山霁雪"曰:"叠嶂如龙偃,凉天积雪深。山家银作瓦,岭树玉为林。霁色明初散,寒光晓更侵。思赓梁苑赋,簪笔愧璆琳。"充分形容了龙山的景致。龙山之中的清云道观清静优雅,高耸挺拔,可俯瞰福鼎城区,景致绝佳。

据故老相传,清朝时期,本处建有一座五公殿,供奉五位王公。五公殿一直延续到新中国成立以后,仍有虔诚的信众前来祭拜。然而,由于历史悠久,经风吹雨打,年久失修,再加"文革"时期的破坏,五公殿的殿堂建筑成为危房,濒临倒塌,慢慢也就废弃不用了。"文革"后期,一位信士路经五公殿,上了一炷香,许下一个愿,后来果然应验了。五公神的威名很快就传开了,信众们前来求嗣得子,求财得盈,祛病痊愈,消灾祈福,真是威灵显赫,有求必应,五公殿的香火也就一天天兴旺起来。这时,一位蔡信士决定筹措资金,重建宫庙。此举得到福鼎广大信士的大力支持,大家有钱出钱,有力出力,终于在1976年重建大殿,改名为清云堂(20世纪90年代又改称今名)。

目前的清云道观主要由山门、大罗宝殿、三宝殿、丹房、斋堂等构成,总占地面积为2210平方米,总建筑面积为1660平方米。其中,山门采用四柱

图 3-22 清云道观山门
图片来源：福鼎市道教协会

三山顶制，内柱楹联："入真门秉真教参透真玄真自在，来妙境达妙理顿开妙道妙通神"，外柱楹联："太极运从无极乐，三元总自一元开"，颇有道家玄味。大罗宝殿正中后排奉祀三清道祖，前排供奉五公神像，背后则奉祀慈航天尊观音大士；左右两边神坛上供奉着五显灵官大帝、马元帅、齐天大圣等神明。大罗宝殿右侧厢房的二楼还奉祀有广泽尊王郭圣王、临水夫人等神明。三宝殿塑有三宝佛像，供信士念经拜佛。左右两庑建筑主要用作丹房和斋堂。

清云道观现任住持为江绍援（宗和）道长，山前街道上坪园人，全真龙门派第二十三代玄裔弟子。现有常住道士5人，其中乾道3人，坤道2人，来往道众多人。

每逢重要节日如祖师圣诞、中秋、重阳、冬至等日，都要举行庆贺典礼或斋醮法会，诵经拜忏，参加信众多时有七八百人，少时也有二三百人。

三、硖门剑龙道观

剑龙道观，坐落于福鼎市硖门乡塘古头后门山，原名剑龙宫，始建于清代，当时为一座小庙宇，奉祀南朝王、冰水王等神祇。经过多年的风侵雨蚀和历史变故，宫庙破旧不堪。1996年，硖门信士詹廷妹、巫友和、吴秋花等

图 3-23 硖门剑龙道观

图片来源:福鼎市道教协会

图 3-24 福鼎道教协会慰问硖门剑龙道观常住(2013 年)

图片来源:福鼎市道教协会

筹集经费,将原来的小庙宇向下迁移,重新扩建。

剑龙道观整体建筑呈四合交井形势。正中为大罗宝殿(后殿),单檐歇山,面阔五间,进深三间。前殿即山门,单檐歇山,面阔五间,进深单间。两侧则修建丹房和斋堂,作为道众休息与饮食之所。建筑面积1830平方米,总占地面积为2560平方米。

剑龙道观现任住持为张仁雄(宗宁)道长,硖门人,全真龙门派第二十三代玄裔弟子。该观常住道长共有7名,其中乾道3人,坤道4人,来往道众多人。

斋醮道场活动主要有:每年正月初一日元始天尊圣诞诵经拜忏,正月初九日诵玉皇经或拜玉皇忏,二月二十四日拜雷祖忏,七月初一日道德天尊圣诞诵经拜忏,等等。每次活动参加人数100~500不等。

第四节　福鼎市道教协会

《清史稿》卷一一六《职官志三》记载:"府道纪司都纪、副都纪,州道正司道正,县道会司道会,各一人。俱未入流。遴通晓经义,恪守清规者,给予度牒。"①可见县一级设有"道会司",遴选"通晓经义,恪守清规"的道人,管理道教事务。清高宗乾隆四年(1739年)福鼎建县,应当设有"道会司",然则嘉庆版《福鼎县志·职官》却写作"道纪一员"②,当是"道会"之误。1997年,福鼎市道教协会成立,团结、带领全市道教界人士爱国爱教,兴办道教事业,维护道教界的合法权益,发挥桥梁纽带作用,进一步传扬道教文化,发扬优良传统,促进道教与社会主义社会相适应。

一、机构设置

1996年,"福鼎市道教协会筹备委员会"成立。1997年7月1日,福鼎市道教协会正式成立,推选王少露道长担任首任会长,会员410人,会址设在桐山街道福祥大楼。自1999年10月起,由副会长梁世仲主持工作。2005年7月举行福鼎市道教协会第二次代表会议,推选梁世仲道长担任第二届会长,会员1220人,会址设在桐山街道流美双榕大院。2013年7月28日,福鼎市道教协会第三次全体会议召开,选举费汉曹道长担任第三届会

---

① 赵尔巽等撰:《清史稿》,第10册,北京:中华书局,1976年,第3360页。
② 谭抡纂修:《福鼎县志》(嘉庆十一年),台北:成文出版社,1974年,第538页。

长,会员发展到1980人,会址仍设在双榕大院。

福鼎市道教协会成立以来,加强制度化管理,注重团结道众和广大信众,积极参加和举办各种科仪法事、文艺演出、学术讨论、慈善活动,尤其是自2012年以来连续举办六届太姥娘娘祭典暨巡境庆典,产生了较大的社会影响。

福鼎市第一届道教协会班子成员如下:

会长:王少露(1999年10月起由梁世仲副会长主持)

副会长:费汉曹(兼秘书长) 李求秋 徐本旋 江祖纯 吴克耀 杜家贤

2005年7月,福鼎市道教协会举行第二次全体代表会议,推选梁世仲道长担任第二届会长,会员1220人,会址设在桐山街道流美双榕大院。福鼎市第二届道教协会班子成员如下:

会长:梁世仲

常务副会长:费汉曹

副会长:江祖纯 吴克耀 雷家友 徐本银 林上电 蔡孙欧 林冬种

秘书长:李求秋

2013年7月28日,福鼎市道教协会举行第三次全体代表会议,选举费汉曹道长担任第三届会长,会员发展到1980人,会址设在桐山街道流美双榕大院。福鼎市第三届道教协会班子成员如下:

会长:费汉曹

副会长:徐本银 林上电 蔡孙欧 郑昌蕉 湛宗康 王大溪

秘书长:雷家友

福鼎市道教协会第三届领导班子设有办公室、四个管理片区委员会、教务委员会、慈善公益管理委员会、全真管理委员会等专委或部门。

其中,办公室是福鼎市道教协会处理日常事务的部门,主要负责人事、财务、总务、日常办公等事宜。

四个管理片区主要指桐城片区、前岐片区、点头片区和太姥山片区。

桐城片区分管桐城本片区的工作,本届主任为郑昌蕉道长,副主任为陈平权、张宗余、郑平光,委员有李启道、陈上修、陈孝铭、谢志定、张圣强、郭振坤、周世密、蓝颜阳、高耆联、江绍信、王大银、夏品忠、吴海斌等。

前岐片区分管前岐片区的工作,本届主任为郑光日道长,副主任为李若

成、王道生、白锡乾,委员有欧后法、林永忠、林宏政、蓝石陵、黄益县、林天山、陈世令、黄节树、李祖摇、林安庆、刘正言、谢宗法、陈国防、江秀福等。

点头片区分管点头片区的工作,本届主任为雷家友道长,副主任为林上寿、丁振礼,委员有陈延培、洪惠娟、邵茂迁、雷泰榕、苏武生、朱培金、陈英明、柯和英、李国如等。

太姥山片区分管太姥山片区的工作,本届主任为徐本银道长,副主任为甘欲福、陈国珠,委员有陈常柿、王诗勇、郑守丰、章孔源、吴茂春、叶乐日、吴承溅、吴克如、郑崇清、周溅、吴守应等。

教务委员会开展对道士和宫观负责人的各种法务培训,宣传宗教政策法规,本届主任为林上电道长,副主任为廖宝樟,委员有林劲、李步进、黄宗济(增补)等。

慈善公益委员会主要负责场所治安防范及生态环境保护工作,同时分管慈善公益事业,本届主任为王大溪道长,副主任为张振朝,委员为陈吉强等。

全真管理委员会主要负责道观和全真道士的工作,本届主任为湛宗康道长,副主任为潘诚泉,委员有林诚椿、夏美金等。

图 3-25　福鼎市道教协会成立暨第一届全体代表会议(1997 年)
图片来源:福鼎市道教协会

图 3-26　福鼎市道教协会第二届全体代表会议(2005 年)

图片来源:福鼎市道教协会

图 3-27　福鼎市道教协会第三届全体代表会议(2013)

图片来源:福鼎市道教协会

图 3-28　福鼎道教协会《宗教法规宣传月》座谈会（2015 年）

图片来源：福鼎市道教协会

二、规章管理

福鼎市道教协会成立以来，十分重视制度建设，认真学习国务院颁发的《宗教事务管理条例》和省市统战民宗部门制定的各项法规条例，积极做好教职人员身份认定备案工作，多次组织宫观负责人参加法律学习和财务管理培训，依法监督各宗教活动场所的财务管理情况，积极探索福鼎道教与地方社会和谐发展的新思路、新模式。

多年来，福鼎市政府、统战部、民宗局十分重视和关心福鼎道教的发展，数次前往福鼎市道教协会视察、调研和指导工作。2014 年 8 月 20 日，福鼎市政协蔡梅荣副主席等领导，在民宗局蓝俊元局长陪同下，前往道协调研工作。11 月 7 日，福鼎市政府蓝承忠副市长等在民宗局蓝俊元局长陪同下莅临道协调研工作。2015 年 5 月 21 日，福鼎市政府蓝承忠副市长等到道教协会调研工作。7 月，宁德市民宗局郭新副局长到福鼎市道教协会调研。在历次视察和调研活动中，各级领导就福鼎市道教协会的制度建设、人员管理、财务规范、宫观发展、文化活动、太姥祭典、慈善事业、安全防火等方面予以具体的指导，促进了道协班子凝聚力量，理清思路，更好地加强协会制度

图 3-29　首届宫观及民间信仰活动场所负责人培训班(2017 年)
图片来源:福鼎市道教协会

建设,发挥道协沟通政府与道教场所的重要桥梁作用。

附 录

福鼎市道教协会章程

(2013年7月28日福鼎市道教协会第三次代表会议通过)

第一章 总 则

第一条 本会定名为福鼎市道教协会。

第二条 本会是福鼎市道教界人士联合的爱国宗教团体和教务组织。

第三条 本会的宗旨:团结、带领全市道教界人士爱国爱教,拥护中国共产党的领导和社会主义制度,兴办道教事业,弘扬道教教义,维护道教界合法权益;传扬道教文化,发扬优良传统,促进道教与社会主义社会相适应;积极参加社会主义物质文明、政治文明、精神文明和生态文明建设,发挥道教在构建和谐社会和促进经济社会发展中的积极作用,为维护宗教和睦、民族团结、社会和谐、祖国统一、世界和平作贡献,为实现中国梦而努力。

第四条 本会主管部门是福鼎市民族与宗教事务局,登记管理机关为福鼎市民政局,并接受上级道教协会的业务指导。

第二章 业务范围

第五条 团结、带领全市道教界人士遵守宪法、法律、法规和国家政策。提出建议,协助政府贯彻落实宗教政策,依法维护道教界的合法权益,反映道教界人士和信教群众的意见和要求,充分发挥桥梁纽带作用。

第六条 组织道教界人士学习宪法及有关法律、法规、政策和道教知识,提高爱国主义和社会主义觉悟,完善自身建设和管理。

第七条 督导道教活动场所搞好自身建设和管理,制定宫观管理和道教活动管理等规章制度和具体管理办法。督导道教场所和道教徒搞好管理和自身建设,严肃戒律,纯正道风,精进修行,提高道教徒整体素质,促进道教活动正常化,使一切道教活动在遵守国家宪法、法律、法规的范围内进行,反对利用道教进行违法、非法活动。

第八条 加强对道教教职人员管理,严格道教教职人员申报认定程序,制定管理制度,培养道教人才。

第九条 进行道教文史资料的征集、整理、探讨法事科仪规范,引导正常的宗教参学,对本市道教的历史和现状进行调查研究。开展道教文化艺术交流活动,加强学术研究,整理编印道教书刊,协助做好道教文物古迹与非物质文化遗产及宫观环境的保护工作。

第十条 开展社会公益慈善事业,服务社会,利益人群。

第十一条 开展同台、港、澳及海外道教界人士的友好往来和文化交流,促进祖国统一,维护世界和平。

第三章 会 员

第十二条 本会会员为团体会员和个体会员相结合。

第十三条 会员入会的程序是:

(一)团体会员:经政府批准登记的道教活动场所、民间信仰场所。

(二)个体会员:经本会申报参加培训,通过传度、授箓发证的散居道士和通过冠巾发证的全真道士(乾、坤道)以及俗居教徒、居士。

(三)团体会员和个体会员都要提出申请,经本会审查批准同意,并报主管单位备案。

(四)会员入会自愿、退会自由。会员退会必须提前一个月提出申请。无正当理由不履行会员义务一年以上者,经常务理事会研究决定,取消其会员资格。

第十四条 会员享有下列权利:

(一)参加本会组织的各种教务活动。

(二)获得本会服务的优先权。

(三)对本会工作的批评建议权和监督权。

第十五条 会员履行下列义务:

(一)遵守本会章程,执行本会决议。

(二)完成本会交给的各项工作任务和研究课题。

(三)积极参加本会各项活动,关心本会工作,定期或不定期地与本会联系,及时汇报有关情况,交流反馈道教活动信息。

(四)宣传、贯彻、执行党的宗教政策、法律、法规。

（五）按规定标准及时缴纳会员费。

第四章　组织机构及职责

第十六条　本会坚持民主协商的办会原则，最高权力机构是全市会员代表大会，理事会是全市代表大会的执行机构，常务理事会是理事会的执行机构，在理事会闭会期间领导本会开展工作，对理事会负责。

（一）本会理事会设教务委员会、道教文化艺术委员会、慈善公益委员会、海外交流委员会，各专门委员会的职责由会长会议制定。

（二）本会理事会下设四个片区管理委员会：

桐城（桐山、山前、贯岭、叠石、管阳）片区管理委员会；

前岐（佳阳、沙埕、崳山）片区管理委员会；

太姥山（店下、龙安、硖门）片区管理委员会；

点头（白琳、磻溪）片区管理委员会。

各专门委员会和片区管理委员会主任、副主任、委员由理事会从理事中推举产生。

（三）各片区管理委员会负责管理片区工作，对各种道场法事进行监督，保障正常的宗教活动，监督会员不得参与封建迷信活动，自觉抵制非法和变相封建迷信的活动，维护社会秩序、生产秩序和生活秩序。

第十七条　会员代表大会的职权是：

（一）讨论和决定本会重要工作事项；

（二）选举理事，组成理事会；

（三）制定和修改本会章程；

（四）审议理事会的工作报告、财务报告和其他有关报告；

（五）会员代表大会每五年举行一次，因特殊情况需要提前或近期召开的，须由常务理事会表决通过。

第十八条　理事会主要职权是：

（一）贯彻实施本会章程规定，执行会员代表大会决议，决定本会的重大事项；

（二）审议常务理事会的工作报告。

（三）全市代表会议召开期间，选举常务理事、副会长、会长。

（四）理事会每届任期五年，理事可连选连任。理事会会议每年举行一次，必要时可提前或延期举行。

（五）根据会长会议提议，增补、罢免和接受请辞理事、常务理事副会长、会长。

（六）授权会长会议在必要时任免秘书长、副秘书长，任免专门委员和片区管理委员会主任、副主任。

第十九条 常务理事会主要职权：

（一）执行理事会的决议和决定。

（二）筹备召开全市代表大会和理事会。

（三）会员代表会议召开期间，根据会长提名决定秘书长。

（四）负责开展各种教务活动。

（五）决定会员入会、退会，临时增补或更换个别理事。

（六）审议年度财务结算和执行情况报告。

（七）常务理事会须有 2/3 以上常务理事出席方能召开，其决议经到会常务理事 2/3 以上表决通过方能生效。

（八）常务理事会一年召开二次会议，必要时可增加会议次数，情况特殊时可采取通信等形式进行。

第二十条 本会会长、副会长，每届任期五年，任期最长不得超过两届。因特殊情况需延长任期的，须经会员代表大会 2/3 以上到会会员代表表决通过，报主管部门同意后方可延长任期。

第二十一条 会长为本会法定代表人。本会决定代表人一般不兼其他团体的法定代表人。

第二十二条 会长行使下列职权：

（一）对外代表本会，对内领导会务。

（二）召集和主持会长会议、专门委员会主任联席会议、片区会议、理事会议、常务理事会议及其他有关会议，讨论决定重要会务；必要时，也可委托其他副会长召集或主持上述会议。

（三）督促和检查会员代表大会、理事会和常务理事会决议的落实情况。

（四）代表本会签署有关重要文件。

第二十三条 本会秘书长行使下列职权：

秘书长每届任期五年，任期最长不得超过两届。秘书长在会长领导下，负责处理日常会务。提名副秘书长以及办公工作人员的聘用。

第五章　资产管理及使用原则

第二十四条　本会经费来源：

（一）政府资助。

（二）会员、宫观等缴纳和道教信众捐助的经费。

（三）社会捐赠。

（四）利息收入。

（五）其他合法收入。

第二十五条　本会根据国家财务法规建立财务管理制度，保证会计资料合法、真实、准确、完整，配备专职或兼职的财会人员，一般项目开支由会长审批，大项目开支由会长办公会议研究决定。

第二十六条　本会的资产管理执行国家规定的财务管理制度，每年向常务理事会报告财务收支情况，并接受理事会和主管、审计部门的监督。

第二十七条　换届或更换法定代表人期间，必须接受社团登记机关和主管部门组织的财务审计。

第二十八条　本会的资产经费，任何单位、个人不得侵占、私分和挪用。

第二十九条　本会专职工作人员的工资和保险等福利待遇，由会长办公会议决定执行。

第六章　章程的修改程序

第三十条　本会章程的修改，须经全市代表会议表决通过。

第三十一条　本会修改的章程，须在全市代表会议表决通过后15日内，报主管部门审查同意后，由社团登记管理机关核准方能生效。

第七章　终止程序及终止后的财产处理

第三十二条　本会完成宗旨或因其他原因需要注销时，由理事会提出终止动议。

第三十三条　本会终止动议须经会员代表大会表决通过，并报主管部门审查同意。

第三十四条　本会终止前，须在主管部门及有关机关指导下成立清算组织清理债权债务，处理善后事宜。清算期间，不得开展清算以外的活动。

第三十五条　本会经社团登记管理机关办理注销手续后即为终止。

第三十六条 本会终止后的剩余财产,在主管部门和社团登记管理机关的监督下,用于发展与本会宗旨相关的事业。

第八章 附 则

第三十七条 本章程经 2013 年 7 月 28 日福鼎市道教协会第三次代表大会表决通过。福鼎市道协代表会议的代表、各道教宫观、会员都有遵守本章程、贯彻执行本会决议和决定的义务。

第三十八条 本章程的解释权属本会的理事会。

第三十九条 本章程自社团登记管理机关核准之日起生效。

三、文化建设

道教是中国固有的本土宗教,是中华文化不可分割的重要组成部分,无论在历史上还是在现代社会,均发挥重要的社会功能和文化作用。鲁迅先生于 1918 年 8 月 20 日给许寿裳的信中曾说道:"中国根柢全在道教,此说近颇广行。以此读史,有许多问题可以迎刃而解。"[①] 由此亦可见道教在中华文明史上的重要地位。福鼎市道教协会十分重视文化建设,积极参与和主办各种类型的文化活动,以此弘扬道教文化,服务社会发展。

2003 年,福鼎市人民政府邀请全国十家电视台拍摄纪录片《走进太姥山》,宣传福鼎文化,发展福鼎旅游经济。福鼎市道教协会举办了一场全真道教音乐会,主要演奏道教上大表科仪与《十方韵》道场,参加行坛和演奏的人员皆为全真派道士,共 18 人。中央电视台第四套和泉州电视台皆有播放。

2012 年 8 月,福鼎市道教协会和福建省天湖茶业有限公司共同主办了"七月七"福鼎白茶文化节暨首届太姥娘娘祭典。祭典仪式在桐城街道流美清净道观隆重举行,市委、市政府主要领导莅临现场,市道协班子主要成员率领全市 200 座宫观首事及信众 1000 多人参加了祭典活动,随后举行太姥娘娘巡境活动。这是福鼎道教有史以来场面最为壮观、规模最宏大的活动,几千人的游行队伍延伸数公里,由清静道观出发,途经江滨南大路、海口路、

---

① 鲁迅:《鲁迅全集》,第 9 卷,北京:人民文学出版社,1958 年,第 285 页。

太姥大道、富民路、天湖大道、玉龙北路，随后从天湖大道返回。一路上彩旗飘扬，龙狮共舞，歌舞笙箫，鞭炮齐鸣，信众沿街设供烧香祭拜，再次掀起了太姥娘娘信仰文化的热潮，是一场重要的太姥精神深入人心的文化普及活动。这次活动的成功举办，充分表达了福鼎道众和信众对太姥娘娘的尊崇和感恩，同时也为福鼎市申报太姥娘娘民间信仰非物质文化遗产做好了前期准备工作。

在太姥娘娘祭典暨巡境活动的同时，福鼎市道教协会邀请四川大学老子研究院院长詹石窗教授、厦门大学道学与传统文化研究中心主任黄永锋教授一行人前往太姥山一片瓦考察调研；在道教养生论坛上，厦门大学黄永锋教授做了道教养生文化的专题讲座；在鼎台两岸道教白茶文化交流会上，福鼎当地的茶农和茶业公司与来自宝岛台湾的茶商就白茶文化进行深度交流；与此同时，福鼎市道教协会带领全县200多个宫观福首、台湾道教友人共1000多人前往太姥山进行朝圣谒祖寻仙踏迹活动，太姥风光摄影展也受到社会各界的好评。

从2013年8月起至2017年8月止，福鼎市道教协会在太姥山太姥娘娘雕像广场先后举办了第二届、三届、四届、五届太姥娘娘祭典活动。每次活动都有1000多人参加。

2014年4月2日至4日，"海峡两岸各民族欢度三月三节暨福建省第三届畲族文化节"在福鼎隆重举行，福鼎市道教协会参加活动并参与演出。

2014年9月28日，第四届宁德世界地质公园文化旅游节暨第九届中国·太姥山文化旅游节在福鼎盛大开幕，福鼎市道教协会参与演出了多个项目，同时还组织了太姥娘娘銮驾绕桐山溪岸出巡活动。

2015年9月19日，应福鼎市太姥山管委会之邀，福鼎市道教协会参加"白茶故里·太姥山中秋鹊茶会"，在夫妻峰广场演出道教音乐。

2016年1月1日，福鼎市道教协会在太姥山景区太姥娘娘雕像广场下方的功德堂举行了"庆元旦·迎新年"太姥娘娘祈福法会。

2017年3月25日至28日，福鼎市道教协会在点头镇洋中茶叶街举行了第六届白茶始祖太姥娘娘春祭庆典活动暨祈福大法会。

图 3-30　首届太姥娘娘祭典巡境(2012 年)

图片来源:福鼎市道教协会

图 3-31　第九届太姥山文化旅游节,福鼎市道教协会参加演出(2014 年)

图片来源:福鼎市道教协会

图 3-32　福鼎道教音乐演出（2015 年）

摄影：费汉曹

图 3-33　元旦祈福法会（2016 年）

图片来源：福鼎市道教协会

四、对外交流

《道德真经》曰:"天地之间,其犹橐籥乎?虚而不屈,动而愈出",又曰:"执大象,天下往。往而不害,安平泰"①,强调道体的动态特征。《重阳立教十五论》也特别强调"云游"的重要性,认为"登巇嶮之高山,访明师之不倦,渡喧轰之远水,问道无厌"。② 太姥山是海上仙都、佛国道域,又是旅游胜地,历来都是神仙高道、政府权贵、文人墨客的流连之地。改革开放以来,前来太姥山参观访问的海内外名人、道教徒和香客游客的人数日渐增多。

福鼎道教协会成立以来,重视对外交往,接待前来太姥山的道友香客,同时也积极参加省内外兄弟团体和道观的文化活动,组织学习和加强联谊。

2008年4月12日至13日,宁德市道教协会和古田临水宫联合举办"迎奥运·促和谐:祈祷祖国昌盛·世界和平法会",福鼎市道协李求秋秘书长携同磻溪后畲临水宫、秦屿济慈宫、桐城麻坑里临水宫、外墩临水宫、山前增坪临水宫、白琳沿州后湾塘临水宫等26名道教居士参与了祈祷活动。

2013年9月24日,福鼎市道教协会主办了"闽台两岸道教文化交流会"。

2014年,福鼎道教协会骨干成员赴柘荣参加"中国·柘荣第二届养生文化论坛"。

2015年9月4日,福鼎市道教协会骨干成员赴古田参加临水宫闽山协会成立大会暨第一次代表大会,费汉曹会长被推选为古田临水宫闽山协会的副会长。

2015年11月22日,福鼎市道教协会赴武当山参加"第二届中国风景名胜区道教名山联盟工作会议"。

2016年1月11日,福鼎市道教协会应邀参加浙江苍南首届道教文化节。

2016年10月13日,福鼎市道教协会费汉曹会长与郑昌蕉副会长前往东北鞍山参加第三届中国风景名胜区道教名山联盟工作会议,并参访千山

---

① 李耳:《道德真经》,第四、三十四章,张宇初等主编:《道藏》,第11册,北京—上海—天津:文物出版社、上海书店、天津古籍出版社,1987年,第482页,第485页。

② 王嚞:《重阳立教十五论》,张宇初等主编:《道藏》,第32册,北京—上海—天津:文物出版社、上海书店、天津古籍出版社,1987年,第153页。

龙泉寺、无量观。

2016年10月20日,中国社会科学院长城学者、中国社会科学院道家与道教研究中心主任、世界宗教研究所王卡研究员一行11人前来调研福鼎道教与民间信仰现状暨太姥山道教文化。在流美清静道观举行的座谈会上,王卡研究员指出,太姥娘娘是我国本土信仰,道教是我国固有的本土宗教,作为儒释道三教文化资源均十分厚重的太姥山文化,在今后的发展中应当朝着宗教生态平衡的方向努力。

2016年11月17日,福鼎市道教协会骨干成员随同宁德市民宗局郭新副局长一行考察泉州玄妙观、清源山、石狮城隍庙等道教场所,并与泉州道友交流宫观建设和道教发展的经验。

2017年7月19日至28日,福鼎市道教协会邀请厦门大学、南京师范大学、江西师范大学、浙江道教学院的专家学者前来福鼎,进行为期8天的福鼎市道教宫观、民间信仰场所暨太姥娘娘信仰文化田野调研活动。

图3-34　福鼎道教协会骨干成员
与中道协李光富会长合影(2015年)
图片来源:福鼎市道教协会

图 3-35　厦门大学、浙江道教学院一行调研太姥山（2017 年）
图片来源：福鼎市道教协会

五、慈善事业

济世利人、劝人向善是道教教义的重要内容之一。《道德经》曰："吾有三宝，一曰慈，二曰俭，三曰不敢为天下先。"①葛洪《抱朴子内篇》认为"人欲地仙，当立三百善；欲天仙，立千二百善"，又认为"积善事未满，虽服仙药，亦无益也。如不服仙药，并行好事，虽未便得仙，亦可无卒死之祸也"。②《太上感应篇》也要求道教徒"不履邪淫，不欺暗室。积德累功，慈心于物。忠孝

---

① 李耳：《道德真经》，第六十七章，张宇初等主编：《道藏》，第 11 册，北京—上海—天津：文物出版社、上海书店、天津古籍出版社，1987 年，第 480 页。
② 葛洪：《抱朴子内篇》，卷三，张宇初等主编：《道藏》，第 28 册，北京—上海—天津：文物出版社、上海书店、天津古籍出版社，1987 年，第 181 页。

友悌,正己化人,矜孤恤寡,敬老怀幼。昆虫草木,犹不可伤"。① 由此皆可见道教尊重生命、正己助人、慈悲济世的精神品质。福鼎市道教协会秉承道教慈善传统,积极从事社会慈善事业。

2006年8月10日,"桑美"台风袭击福鼎,造成人民生命和财产惨重损害。9月18日至10月21日,福鼎市道教协会组织部分散居道士在沙埕、龙安和流美清静道观三地举办"水陆法会"和"盟真大斋水陆普度超幽利渔大法会"。凡参加法务活动者一律无偿协助,部分道教界人士还为受灾的乡亲捐款捐物。

2008年5月12日四川汶川地震,使无数幸福家庭支离破碎,灾情触目惊心,催人泪下。福鼎市道教协会于5月17日至18日在福鼎市府路口举行福鼎市道教界人士为四川汶川地震灾区募捐活动。在短短的两天内,福鼎道教界人士和社会群众共捐款20.4万元。前岐妈祖宫不仅参加市道协的募捐活动,5月26日又在自己宫里组织募捐活动,又为灾区捐赠了6.8万元。募捐活动之后,市道协及时把善款汇往灾区,支援抗震救灾重建工作。与此同时,福鼎市道教协会组织山前福兴道观和流美清净道观等在5月15日至18日举行"为地震灾区人民祈福平安大法会"和"祈祷世界平安大会"。

2011年4月,福鼎市道教协会在流美清净道观举行弘济捐助现场会暨"世界和平·国土安康"平安福鼎水陆大法会。法会期间,市道协为偏远山区10户贫困群众捐助5000元,用于灾后重建。

2013年,福鼎市道教协会为佳阳乡双华小学捐赠50张课桌椅。年底,市道教协会先后前往叠石车头福山道观、流美清静道观、黄岐黄仁清云道观、前岐熊岭三清道观、熊岭玄妙道观、山前云清道观、硖门剑龙道观、桐城清云道观、梅溪福兴道观看望常驻道长和老修行。

2014年4月,福鼎市道教协会捐资1000元,帮助资国村董姓和白琳镇白岩村周姓患者治病。7月,市道协班子成员一起到前岐熊岭三清道观看望病危的庄老道长,市道协慈善公益基金捐资1000元,班子成员凑合3500元,帮助其治病。9月9日,福鼎市道教协会资助1万元于桐城街道岔门村深垅民族小学,此后每月还为该校寄宿生赠送400斤大米,沙埕敏灶妈祖宫

---

① 《太上感应篇》,卷一、二、三,张宇初等主编:《道藏》,第27册,北京—上海—天津:文物出版社、上海书店、天津古籍出版社,1987年,第13~19页。

赠送 800 斤大米。

2015 年 12 月 3 日，为了响应国家宗教局"宗教慈善周"的号召，在福鼎市民宗局带领下，福鼎市道教协会骨干成员前往佳阳乡象阳村与贫困百姓一对一结对子，发扬道教扶贫济困、济世利人的传统。

近年来，福鼎市道教协会、沙埕敏灶妈祖宫、沙埕九使宫、磻溪后畲宫、前岐妈祖宫、管阳金峰宫、康安宫暨点头、城关、秦屿等几座道教宫观和民间信仰活动场所，先后累积捐资 30 多万元，在扶贫济困、帮学助残、救难赈灾、修桥铺路等方面做出大量工作，体现了道教慈爱和同、济世利人的精神。

图 3-36　汶川地震捐款（2008 年）

图片来源：福鼎市道教协会

图 3-37　祈福平安法会（2008 年）

图片来源：福鼎市道教协会

图 3-38　捐赠双华小学课桌椅（2013）

图片来源：福鼎市道教协会

图 3-39　捐赠深垅民族小学物资（2014 年）

图片来源：福鼎市道教协会

图 3-40　看望前岐熊岭三清道观老道长（2013）

图片来源：福鼎市道教协会

图 3-41 福鼎道教协会骨干成员参加古田临水宫闾山协会成立大会（2015 年）

图片来源：福鼎市道教协会

图 3-42 福鼎道教协会骨干成员与中道协任法融会长合影（2014 年）

图片来源：福鼎市道教协会

第四章

太姥艺文选录

道教脱胎于中国上古宗教,"诗歌与乐舞是上古祀神仪式中最富有艺术性的部分",《楚辞·九歌》是"上古时代保存最为完整的巫术祭歌"。① 老子、庄子、陶弘景、司马承祯、张伯端、王重阳等道教祖师和道派创立者,都精通艺文,著述颇丰。受其影响,后世产生了游仙诗、炼丹诗、玄歌、变文、道情等文学形式。詹石窗先生认为,"凡是以说明道体本身或者述说道教的神仙及信仰者(包括道士)的事迹、活动以及描写道教的宫观、名山,记录道教斋醮仪式活动和阐明道教教义,并宣扬信奉之效果及自我体道的情怀为题材的文学作品都可以说属于道教文学的范畴"。② 活跃在福鼎历史上的仙家、道士、官宦、文人创作了大量的诗词曲赋、散文游记、碑刻铭录等,代表了太姥文化在艺文方面的重要成就。

第一节 诗 词

太姥山

薛令之

扬舲穷海岛,选胜访神山。鬼斧巧开凿,仙踪常往还。
东瓯溟漠外,南越渺茫间。为问容成子,刀圭乞驻颜。

---

① 张树国:《宗教伦理与中国上古祭歌形态研究》,北京:人民出版社,2007 年,第 2～3 页。
② 詹石窗:《南宋金元道教文学研究》,上海:上海文化出版社,2001 年,第 5 页。

薛令之(693—756),字君珍,号明月先生,长溪西乡石矶津(今福建福安廉村)人。唐中宗神龙二年(706年)进士,为福建省有史以来第一位进士。开元中官拜左补阙,深得玄宗重视。受李林甫排挤,辞官隐居于福安老家。《太姥山》之诗,"显然是他辞官回乡,晚年归隐山林时期所作"。① 有《明月先生集》《补阙集》行世。

马冠山

杨 谆

陈家宅废桑畦暗,马道冠亡羽观空。

惟有山南古程氏,雕檐一簇翠烟中。

杨谆,生卒不详,剑浦(今福建南平)人。宋徽宗宣和六年(1124年)进士。

蒙 井

郑 樵

静涵寒碧色,泻自翠微巅。品题当第一,不让惠山泉。

蓝 溪

郑 樵

溪流曲曲抱清沙,此地争传太姥家。

千载波纹清不改,种蓝人果未休耶?

郑樵(1104—1162),字渔仲,号夹漈,自称溪西逸民,世称夹漈先生。福建莆田人。出身书香世家,天资聪颖,勤奋好学,博闻强识。一生不应科举,毕生从事学术研究,在经学、礼乐学、语言学、自然科学、文献学、史学等方面均取得成绩。有《通志》《夹漈遗稿》《六经奥论》《尔雅注》等留世。乾隆版《福宁府志》载,"(郑樵)授学长溪,提举杨兴宗从之游","福鼎灵峰寺、蒙井各处,皆有留题"。② 卓剑舟《太姥山全志》载,"夹漈先生尝授学潋村,提举

---

① 叶梅生、张先清主编:《太姥文化:文明进程与乡土记忆》,北京:商务印书馆,2016年,第424页。

② 朱珪修,李拔纂:《福宁府志》(乾隆二十七年本),卷二八,《流寓》,台北:成文出版社,1967年,第454页。

图 4-1　太姥山笔架峰

杨兴宗从之游"。① 在潋城村讲学期间,郑樵曾游历太姥山,并写下诗篇。

太姥墓

陈嘉言

吾闻尧时种蓝姬,
世代更移那可数。
帝尧骨朽无微尘,
此间犹有尧时墓。
墓中老姬知不知,
五帝三皇奚以为。
狼贪鼠窃攫尺土,
檃木未枯已易主。
君不见,仙人掌,
分明指取青天上。
骑龙谒帝大罗天,
不逐华虫挂尘网。

图 4-2　别有洞天,民国十九年闽清吴宗刚题

---

① 卓剑舟:《太姥山全志》,"名胜",福鼎市地方志编纂委员会编:《福鼎旧志集》,福州:福建人民出版社,2013 年,第 431 页。

又不见，石棋盘，
人去盘空局已残。当时胜负此何有，争先夺劫摧心肝。
请君绝顶试飞舄，左望东瓯右东冶。山川不见无诸摇，
但见烽烟遍郊野。野老吞声掩泪哀，茫茫沧海生蓬莱。

陈嘉言（1227—1299），字帝俞，世称书隐先生，福州怀安（今福州仓山）人。宋度宗咸淳年间（1265—1274）进士，授建州司户。元军攻破建州后，"乃由间道潜入太姥山，聚徒讲业"。① 在凭吊太姥墓时，一股家国破碎的悲愤之情涌上心头，故而书写了《太姥墓》，托古以喻今，抒发其忧国忧民之心声。② 随后又前往宁德，隐居于霍童支提寺。最后返回怀安，老死于家乡。

三元宫

张　纶

东风徐步渡虹梁，览胜因缘到上方。
云叶扫山金□露，风花绣水縠文香。
药炉有火丹砂伏，石室无尘日月长。
一啜松花心自爽，何须更觅九霞觞？

张纶（1454—1527），字大经，号敬轩，安徽宣城人。明宪宗成化二十年（1484年）进士，历官盐山县令、监察御史、督察院右都御史。著有《敬亭稿》《三图说》等行世。

太姥墓

史起钦

天琢元崖古，崔嵬不可攀。英灵飞白日，幻壳瘗青山。
鹤唳松风惨，苔封碣石斑。我来参谒处，一片彩云还。

史起钦，字敬所，浙江鄞县人，明神宗万历十七年（1589年）进士，十九年（1591年）任福宁知州，"上任后施以安抚政策，宽仁待民，兴衰起废，使百姓较快地渡过难关。任内还修葺了公署、学校，疏浚护城河，设置学田，建设

---

① 朱珪修，李拔纂：《福宁府志》（乾隆二十七年本），卷二八，《流寓》，台北：成文出版社，1967年，第455页。

② 叶梅生、张先清主编：《太姥文化：文明进程与乡土记忆》，北京：商务印书馆，2016年，第433页。

文昌阁,办了好多实事好事"。① 后升任宁国知府。曾主持编纂《福宁州志》,并于万历二十三年(1595年)编成"前列图、次列记及题咏之作"的《太姥志》,是太姥山首部山志。

太姥墓

谢肇淛

  一片玄宫削不成,苔封丹井黛为屏。
  彩云长护仙人掌,断碣犹传太姥名。
  隔水芙蓉鸾珮影,中宵华表鹤归声。
  如今沧海扬尘久,惟有蓝溪不世情。

  谢肇淛(1567—1624),字在杭,号武林、小草斋主人,祖籍福建长乐,生于钱塘(今浙江杭州)。明神宗万历二十年(1592年)进士,历官湖州推官、南京刑部主事、兵部郎中、广西按察使、广西右布政使。万历三十七年(1609年),在福宁知州胡尔慥的邀请下,谢肇淛前来闽东游历,写下了《太姥山游记》和大量诗词。有《五杂俎》《麈史》《百粤风土记》《滇略》《长溪琐语》《太姥山志》《支提山志》等行世。

谒太姥墓

熊明遇

  仙人委蜕石萝寒,倩得红云伴瓦棺。
  落日荒岑孤鹤唳,回风曲洞老龙蟠。
  名山不道无常主,瘴海偏能有大观。
  请向中原悲往事,五陵松柏几堪看。

鸿雪馆(太姥山新建之馆)

熊明遇

  欲种玄都树,希求煮石丹。
  树开红雪落,丹熟白云寒。
  列笋关银牒,攒矛护玉坛。
  肉芝如可采,鸿羽愿高骞。

---

① 白荣敏:《应与名山旧有缘》,《海外文摘》2017年第1期,第92页。

熊明遇（1580—1650），字良孺，号坛石，豫章（今江西进贤）人。明神宗万历二十九年（1601年）进士，翌年授浙江长兴知县，与东林人士顾宪成、高攀龙、丁元荐来往密切。万历四十三年（1615年）补兵部给事中。翌年因东林党事被弹劾，迁福建兵备佥事，治兵福宁道。曾数次前来太姥山，拜谒太姥墓，倾心鸿雪洞，颇有政声。有《文直行书诗文集》留世。

图 4-3　"蓝溪涧"，原宁德书协主席陈世瑶先生题

太姥山怀古

李　馨

太姥多灵景，岩峣峙海边。一溪蓝染月，群岫碧摩天。
不见霓旌影，空寒丹灶烟。山中无甲子，何处记尧年。

李馨（1673—1764），字少白，别号莲舫，福安阳头人。自幼丧父，家贫好学，"有儒者风"。清世宗雍正元年（1723年），应乡荐，授官四川郫县知县，为官清廉耿直，有政声。曾主纂《郫县县志》。有《韩文翼》《莲舫诗文集》等行世。①

三元宫

吴名夏

人稀知境远，野旷觉天宽。
身与时俱适，心依道自安。
竹疏宜对酒，花好且凭栏。
何物酬清供，旃檀香一盘。

吴名夏，乌程（今浙江湖州）人，乾隆二年（1737年）进士，十二年（1737

---

① 参见张景祁等纂修：《福安县志》（光绪十年刊本），台北：成文出版社，1967年，第263页。

年)任光泽知县。①

太姥洋小坐山神庙

王世昌

玉湖仍泻旧蓝香,石齿横开太姥庄。
篱落犬团桑荫屋,庙门蝉簇稻花墙。
无尘欲画田夫古,有味微分过客凉。
奇胜山连幽绝地,半程消受好风光。

王世昌,生卒不详,字文祉,号面城,秀才。卓剑舟《太姥山全志》载,"(王世昌)性颖悟,读书数行俱下",十岁的时候就能吟咏,喜欢作画。无志于功名,喜欢山水。四十八岁去世。有《蚓窍葩言》《章江草》《邀月山堂吟稿》等行世。②

春日杂诗

谢章铤

当日崔州守,登坛意自豪。文章宁可恃,池馆亦徒劳。
所就虽如此,吾生惜不遭。承祯炼丹处,风雨况悲号。

谢章铤(1820—1903),字枚如,号药价退叟,福建长乐江田人。清德宗光绪二年(1876年)进士,官内阁中书。翌年以年高而放弃殿试,南归。光绪十年(1884年),应江西提学使陈宝琛之邀,到庐山白鹿洞书院主持讲席。光绪十三年(1887年),受聘为福州致用书院山长,长达16年,培养了众多门生,陈宝琛、陈衍、林纾等皆出其门下。善诗词,长论著,曾游历闽东,作有数诗。有《赌棋山庄文集》《赌棋山庄诗集》《赌棋山庄词话》等行世。《春日杂诗》后缀有双排小字曰:"崔西叟家灵溪,建亭三十六,元宵张其诗于壁,每夕易之。太姥有司马承祯丹井。"可见谢章铤曾游历太姥山,参访司马承祯丹井,故有此诗。

---

① 盛朝辅等修,高澍然等纂:《重纂光泽县志》(道光二十年版),上海:上海书店出版社,2000年,第286页。
② 卓剑舟:《太姥山全志》,福鼎市地方志编纂委员会编:《福鼎旧志集》,福州:福建人民出版社,2013年,第471~472页。

丹　井

卢士璜

九还丹井涌灵泉,猿虎相随守洞前。
锦索金瓶沉此日,苍崖翠壁凿何年?
道书读罢传真诀,药鼎烧残冷暮烟。
为问容成何处去?茫茫应在水云边。

卢士璜,生卒不详,福鼎人,清宣宗道光年间(1821—1850)贡生。

图4-4　太姥山远景

第二节 文　　选

太姥山记

林　嵩

　　山旧无寺。乾符间，僧师待始筑居于此，乃图其秀拔二十二峰示林陶。陶因名之如此：新月、天冠、神羊、球头、宝筵、仙女、仙童、仙仗、迎仙、象简、呈珠、团玉、碧锷、怪石、一灵、抗天、捧玉、摘星、飞盖、灵龟、龙角、天圭。游太姥者，东南入自金峰庵；东入自石龙庵，即叠石庵；又山外小径，自北折而东，亦入自石龙庵；西入自国兴寺，寺西有塔；北入自玉湖庵，庵之东为圆潭庵。国兴寺东有岩洞，奇石万状：曰玉笋牙签，曰九鲤朝天，曰石楼，楼下有隐泉，曰观音洞，曰仙童玉女，曰半云洞，曰一线天。石壁夹一小径，如委巷，石罅中天光漏而入，仅容一人行，长可半里。蹑登而上，路中曰牛背石，石下曰万丈崖，崖上为望仙桥。桥西曰白龙潭，有龙伏焉。雷轰电掣之时，洞中犇犇如鼓声，天旱祷雨辄应。潭之西曰曝龙石。峰上曰白云寺。又上曰摩尼宫。室后有顶天石，石有巨人迹二，长可二尺。此摩霄顶，大姥山巅也。山高风寒，夏月犹挟纩。山木无过四尺者，石皆皴瘃。秋霁望远，可尽四五百里。虽浙水，亦在目中。（下阙）

　　乾符六年（879年）记

林嵩（848？—944），字降神，又作绛神，长溪赤岸（今福建霞浦赤岸村）人。自幼天资聪颖，好学，有大志。唐懿宗咸通年间（860—873），在太姥山西脉的灵山结庐，刻苦自学。唐僖宗乾符二年（875年）进士，授秘书省正字。唐僖宗广明元年（880年），黄巢起义军攻入长安，林嵩回归故里，栖隐于灵山，经常与后岐道士陈蓬诗文往返。曾游览太姥山，撰《太姥山记》，并修建蓝溪桥。唐僖宗中和四年（884年），福建观察使陈岩聘任林嵩为团练巡检，不久转为度支使。黄巢起义军撒离长安后，林嵩被召回，任《毛诗》博士，后出任金州（今陕西安康）刺史。林嵩晚年辞官回家，隐居于梨溪畔（今

霞浦龙亭风景区),生活清闲。五代后晋开运元年(944年)逝世,享年96岁。① 有《华清宫》《蓬莱山》《九成宫避暑》《赠天台王处士》等作品行世。

瑞草堂碑刻

杨 浬

凡金石之文,需鸿硕笔,褒勋烈,耀后世,虚白陈道,宁非其人也。自悼生平清苦,草木同腐,顾此无镇石之诮,因书焉。余于嘉熙丁酉(1237年)六月旬十有八日生。癸丑(1253年),乡贵□□判学杨公□招置之,命师草堂王亦简、蓝溪林竹泉习玄文。乙卯(1255年),簪披。甲子(1264年),命守西山先茔。丙寅(1266年),祷雨偶应。丁卯(1267年),募施梁澂、东溪诸寓,公嘉之。癸酉(1273年),金命迁岳祠,建石湖道宇。未完,丁丙子(1276年)大变,幸不死。戊寅(1278年),改创云堂,时未宁。己卯(1279年),同杨理心隐姥寺。癸未(1283年),出建中殿。甲申(1284年),建璇玑阁。乙酉(1285年),廊庑粗备,买田以赡居者。岁为谷五十石,会具费为缗钱二千七百有奇,皆受施铢积而求于檀信者。不□,又买田与姥山僧晦翁易此丘。丙戌(1286年),卓茅庵,扁曰"成退"。己丑(1289年),易茅以甓,乃同岫云杨国柱穴其冈埋骨焉。楮衣藜杖,种桃蒔菊,侍尽而已。全归之后,有继兹隐者,以岁所食三千石谷,世而之后。某年某月某日卒,七日而窆。铭曰:骞云气而遐征兮,曰吾不能。曷不能?吾恶乎与造物者争其衡。劳斯佚也,诮也,其不□息也。永兹宅,爰视斯石,使幽人畸士与之□也。

庚寅(1290年)二月石匠郑儒刻

杨浬(1237—?),秦屿潋城杨氏家族成员,十七岁出家,跟随草堂王亦简和蓝溪林竹泉道长学习道家玄文。宋理宗宝祐三年(1255年),举行"簪披"仪式。景定五年(1264年),在西山看守杨氏祖坟。宋度宗咸淳二年(1266年),在太姥山举行祷雨仪式,"偶应"。淳熙九年(1273年)到元世祖至元二十二年(1285年),修建石湖道观。同时又购置田产,"与姥山僧晦翁易此丘",与太姥山僧人交换了一座山丘。至元二十三年(1286年)在山丘上创建茅棚,取名曰"成退"。至元二十六年(1289年),"易茅以甓",将茅棚改为

---

① 叶梅生、张先清主编:《太姥文化:文明进程与乡土记忆》,北京:商务印书馆,2016年,第350~351页。

瓦房。此后某年,羽化飞升。

重建石湖东观志

杨 塽

福宁之治三舍许,有名曰蓝溪,枫树千丛,佳气盘结,风土富饶。唐大历间,吾祖杨氏始卜居焉。至宋嘉定,十二世祖右侍郎杨楫公者,少登科第,居朝不阿,言行政绩,灿著辉煌。尝从朱文公游,称为高弟。当文公寄迹长溪,公履赤岸,迎请至家,乃度其居之东,得地平宽,厥位面阳,爰立书院。文公预赠一联云:"溪流石作柱,湖影月为潭。"勒于门石。公复置田百亩,祀祖于其间,每岁季春三日,率少长设位行礼,祭有常仪,不丰不啬。孟秋之望亦然。除祭祀外,命董事延文行兼优士,教族咸子弟学习其中,明仁育义,以务孝弟忠信,猗欤盛哉!迄乎年代浸久,栋宇倾颓,未有谋及更葺者。成化庚子岁,二十二世孙钰暨诸子侄辈,不忍宗祖创立基业,见其毁坏,乃与阖族捐资鸠工,重建祠宇,前后两重。内重立紫阳朱夫子神位,以十二世祖配之。外重乃杨氏宗祠也。遂将昔肇建灵峰招提西庑杨氏世代神主,胥请入祠。考灵峰寺碑记,则唐咸通九年,杨氏舍田以为子孙植福之地。至嘉定四年,亦是楫公与僧大全而重建之。况楫公创建基业,其可任其倾颓乎?宜乎兴命一新。余宦游归里,际此胜事,触目悦心。守祠道士乃严州人士,云号公平,善楷书,精墨竹,能诗,余甚敬之。出而请曰:"衣食有资,愿抒笔墨之精,建一小楼,以为静室。"余商众诺,不三月而功成焉,是为石湖东观。钰与子侄辈请立碑以记其事。余冀子孙百世,履斯地,登斯楼,知尊师重道者在是,爱亲敬长者在是,有关乎治道大,有关乎风俗大也。遂书以为记。

明成化十六年(1480年)庚子腊月穀旦

赐进士出身福建右布政使派分浙江瑞安州村二十二世孙杨塽谨撰,杨钰勒石

杨塽(1443—1515),浙江瑞安二十都汀湾(今飞云街道云周上步村)人,明成祖永乐年间福建左参政杨景衡侄孙,明宪宗成化十七年(1481年)进士。明孝宗弘治元年(1488年)任泉州府推官,五年后升任泉州府通判。《上步村志》载,杨塽"在任内爱民,忠于职守,行为淳厚,操守清廉,克己奉

公,政绩卓著",深受百姓赞誉。① 弘治十七年(1504年)出任镇江府同知。据《上步村志》所记,宋孝宗淳熙十四年(1187年),长溪潋城杨宗旦出任瑞安知县,乃弟杨龙桂跟随而来,在瑞安汀湾(今上步村)讲学,遂定居于此。② 杨堧为长溪杨氏第二十二代。

蓝溪赋

游学海

维两仪之初辟兮,肇五行而分支;自天一之生水兮,实地六而成之。色泽之不同兮,经出谷而有异,孕太姥之钟灵,古颜之曰蓝溪。

彩云高绕,紫雾下迷,翠岩叠叠,绿树低低。临深流以溯洄兮,挹蓝母之芳仪;怀蠲洁以漱玉兮,宁萦念于染丝。尔乃映日丹山,嫌其太艳;流沙黑水,笑其过淄。水莫渺于黄河,未免缺生清介;地莫尊于赤县,不无多尚胭脂。何如淡淡烟波,若精蓝之隐现;悠悠绿水,似翡翠之差池。嫩柳初发于河渠,上下一色;轻烟初笼于晓树,仿佛相宜。

于是滔滔淼淼,汨汨漪漪,遇尼父之观化兮,叹为逝者如斯;读亚圣之垂训兮,取其有本在兹。《易》系"蒙泉"兮,君子果育;《诗》咏"河干"兮,贤者涟漪。《书》纪朝宗兮,会同有自;《礼》重水源兮,支派不离。友朋同行兮,三笑可绘;泉石自娱兮,八愚有诗。

凡我感怀触物,无不见境解颐;苟悟其青出于蓝兮,应幸受来之有基。况乎源逢圣水,流出名山,河伯呈祥,澄蓝久赞。翠射冯灵之宫,墨渖阳侯之案。易寒流之旧容兮,怳岚光之新旦;既荡漾之异常兮,乃菁葱而可玩。渺矣深青销熔,朗哉浅绿璀灿。丽色映青山而逶迤,层波涌苍龙之琰琬。何人染柳,而弹汁于银河;谁氏洗砚,而润毫于天汉?星辰灿烁兮,簸扬万斛墨晶;云霞潋滟兮,点缀两岸彩幔。精光烛地兮,涵虚碧而映金峰;岚影浮天兮,亘长虹而拖翠缦。羡青鳞之优游,见贝叶之灿烂。获睹佳色于溪流,旋听珂声于海晏。

是知溪非幸致,蓝不虚生。现山灵之幽趣,显神化之光明;溯蓝水之由来,皆种蓝之精英。乘九色之龙马兮,七月七日;宿五彩之蓬莱兮,玉洞玉京。迄于今,山则灵兮,愈因姥著;水既清兮,仍以蓝名。奋乎百

---

① 全春波、徐端修主编:《上步村志》,北京:中国文史出版社,2014年,第187~188页。
② 全春波、徐端修主编:《上步村志》,北京:中国文史出版社,2014年,第1页。

世之上,百世之下,泛槎游泳兮,尝凭吊于九转之丹成。

游学海,生卒年不详,字兼山,福鼎桐城人,拔贡。光绪版《福鼎县乡土志》载,"(游学海)读书识大体",因为福鼎旧属霞浦,"遇公事往还,动经旬日",所以游学海"倡议呈请制府",要求设立福鼎县,以方便管理。① 乾隆三年(1738年),福宁知府提出申请,闽浙总督郝玉麟上报朝廷,经廷议,准其所求,于翌年(1739年)设立福鼎县。②

游太姥山记

傅维祖

太姥为闽海诸山之胜,突兀嶙峋,奇峭万状。旧隶霞浦所辖,乾隆四年,始分福鼎。余自己未冬奉调来此,百务创始,未暇游观。辛酉初冬,奉檄勘估秦屿城垣,与署参戎李登莲华山顶,全城形胜,了如指掌。四望诸山,则太姥不远。

次日公事稍暇,日近亭午,简从束装,命仆夫舁一竹舆,从太姥洋访僧田之兴废;度望仙桥,慨古迹之荒凉。九鲤朝天诸胜,前此径望插云者,今皆罗列足下。寺僧泰净、敬文不期而至,仓卒导迎。临岩巨石悬立,一如冠,一如鸟,其一石有三窍,僧人指示余曰:"内有金线虾蟆穴其中,时见出入,亦灵物也。"石径窄逼,肩舆不得过。余下舆,反足而行。时夕阳将尽,诸景渐晦。曲折数盘,直上摩霄寺息足焉。时有才堡李生健同其子调鼎,闻余有此行,秉烛而驰至,亦韵士也。寺后有石壁,镌字其上,半明半灭。旁有流水岩、白云洞、炼丹井。其上有新月峰,可以望日出。爰命僧人明晨须寓目焉。就寝后,频问夜如何。

天未曙,即披衣起。寺僧燃竹,李生乔梓随行。从寺后稍左,冒风露直造山巅。坐危石,晨风袭袂,身在空中。海气溟濛,曙光未发。稍久,朱轮始见,似沉似浮,光芒尚敛。未几,离海峤,出云衢,木杪生光,峰岭增曜矣。旋从寺之右上牟尼宫,则摩霄之绝顶也。顶颇平衍,石室、石船、金沙滩、柱天石、仰天湖皆在焉。湖方不逾丈,深不盈咫,不涸

---

① 黄鼎翰总纂:《福鼎县乡土志》,"耆旧",福鼎市地方志编纂委员会编:《福鼎旧志集》,福州:福建人民出版社,2013年,第249页。
② 白荣敏:《"福鼎史话"之三十七:乾隆四年,福鼎建县》,《福鼎周刊》2013年3月6日第3版。

不溢,中有神鱼,似蜥蜴而四足。僧人取二尾以赠,纳之竹筒,携至中途,竟逸其一。相传此鱼神物,能遁形而返,其信然耶?《志》载:"太姥得道,乘九色龙至此,凌云仙去。"及过舍利桥,又指为藏真之所,则何以称焉?凝眸四顾,无远不瞩。北望县城,历历可指,昭明寺塔如卓锥然。南则崳山而外,海水接天,茫无涯际,南北关近在目前。俯瞰秦屿,烟村数点,有仙尘之别矣。其东西则平阳、泰顺、福安、霞浦诸山,周列环拱。余老矣,目力难穷。循途而下,寺前有案沙石脊,若断若续,名"九节龙"。履其背而东,仍转而西至寺,而早膳具。李生告余曰:"从此东行,饶幽景,多岩洞,肩舆恐不得过。"余曰:"寻幽赏奇,披岩别穴,舍舆而徒,无害也。"于是迤逦偕行。若龙背上行,或历石级而上,或历石级而下。有大石当路似虎,俗称为"拦路虎"是也。盘旋屈曲至太姥墓。有玉匣石、荷包石、石坪、石鼓、石钟、晒经石。墓后有一石蟾蜍。旁有一洞,俯身而入,有一石桥。度桥,一小石门,门之右有一石房,深阔各二丈许,三面皆石壁,上覆一石,甚平。僧指为一片瓦。若设一绳床,习坐其中,可与尘寰绝矣。向石门者,有地平衍,可以建楼五间。倘塞门避

图 4-5　太姥山夫妻峰

静此处,亦何减桃源?自叹缘浅,不得久居于此。辞洞而出,到石林荟萃之处。僧曰:"此洞中即一线天也。"洞口稍宽,不数十武,两石壁立,中通一径,仅可容身。仰观天光,长如一线。中有滴水岩,水止一滴从石罅而下,不骤不断。下有石井承之,清冽甘美,真石髓也。出口而望,两崖危石蔽天,谲怪瑰奇,如钟离双髻、两僧看经、仙掌卓笔、鸿雪云标,指难胜屈。景之幻者,则有锯板石,自巅至根,千寻若线,片片皆齐;声之幻者,则有传声谷,对崖一唱,空谷响应,直遏行云。再过一洞,危石

落崖,夹而不坠,累累难数,相传为落星洞也。他如石床、石灶、大龙井、小龙井诸胜,僧人失于指示,过而遗之。最后得一地,平衍如掌,石峰至此,似屏环列。欲兴太姥,当从此建一招提,后随山势作楼,三面围绕,中为大殿,前为山门,僧众有所栖止,游客有所住宿,得一天然图画矣。从者请曰:"自此可复乘舆。"僧与李生皆告别,余于途望国兴寺,无片瓦只椽,惟有旧塔无恙,石柱尚存,盖寺之额废久矣。归途,陈生正顺挟一旧志示余,余喜而受之,转惜其来之不早也。

是行也,余旧闻太姥名区,遣界之后,寺废僧逃,旧业荡弃,古木凋残,菁蘩炭厂,贻笑山灵。住僧频年争讼,今摩霄又易一新住持,故欲为之亲览风景,与彼都人士商振兴之策,非徒逞游观而振衣舒啸也。今于公务之隙,乘间而往,大约足迹未及者十之四,过目而遗失者十之三,其得纵观而僧人为之指示者亦十之三耳。未足以夸畅游,然以视昔贤之梦游太姥较亲切焉。倘得同志协扶,名山增胜,荒径重开,或幸再往,余方跂足以俟。

时乾隆六年(1741年)阳月二十七日记

傅维祖,生卒不详,字文孙、云开,浙江鄞县人。举人出身,清高宗乾隆四年(1739年)出任福鼎首任知县。下车伊始,就开始经画规模,依次新造或修葺公署、学宫、城堡、仓库、祠坛等,厥功伟毅。在任三年,政绩卓著。后因年老,自感精力不济,乃辞归。离鼎之日,桐城吏民夹道欢送,途为之塞。

祭关帝礼文

维嘉庆□年岁次□月朔越祭日,福鼎县知县某致祭于忠义神武谥神勇关圣大帝曰:维帝浩气凌霄,丹心贯日。扶正统而彰信义,威震九州;宅大节以笃忠贞,名高三国。神明如在,遍祠宇于寰区;灵应丕昭,荐馨香于历代。屡征异迹,显佑群生。恭值嘉辰,遵行祀典,筵陈笾豆,几奠牲醪。尚飨!①

在传统社会中,关帝的忠勇耿介受到政府的高度重视,被誉为"山西武夫子",以媲美于"曲阜孔夫子"。关帝的神勇忠诚在民间社会也广有影响,历来为老百姓所拥戴。故而,朝野均重视关帝的精神象征力量,关帝除了被

---

① 谭抡纂修:《福鼎县志》(嘉庆十一年本),卷四,《典礼》,台北:成文出版社,1974年,第396～397页。

列入官祀之外，乡野各地也多有关帝庙。

祭龙神礼文

维嘉庆□年岁次□月□朔越祭日，福鼎某官某致祭于敕封福鼎济应龙王之神曰：惟神德扬寰海，泽润苍生。允襄水土之平，经流顺轨；广济泉源之用，膏雨及时。绩奏安澜，占大川之利涉；功资育物，欣庶类之蕃昌。仰赖神庥，宜隆报享。谨遵祀典，式协良辰。敬布几筵，肃陈牲醴。尚飨！①

在传统宗法社会中，农业是立国之本，关乎国计民生，故而受到政府高度重视，司雨之龙神也得以进入官祀。"凡遇亢旱祈求雨泽"，官府都要进行斋戒，"禁止屠宰"，然后依次祭祀山川、社稷、城隍、龙神等。"如遇亢旱太甚，各官步祷行香祭坛，俱穿朝服行礼"。② 除此之外，福鼎居处海滨，多食渔利，而龙神因海居而受到格外重视。每年官府均举行祭祀仪式，民间社会也多有祀祷之举。

祭厉坛礼文

维嘉庆□年岁次□月□朔越祭日，福鼎某官某致告于城隍之神曰：普天之下，后土之上，无不有人，无不有鬼神。人鬼之道，幽明虽殊，其理则一。故制有治人之法，即制有事鬼之道。念厥冥冥之中无祀鬼神，昔为生民，未知何故而殁其间。有遭兵刃而损伤者，有死于水火盗贼者，有被人取财而逼死者，有被人强夺妻妾而死者，有遭刑祸而负屈死者，有天灾流行而疫死者，有为猛虎毒虫所害者，有为饥寒冻死者，有因战斗而殒身者，有因危急而自缢者，有因墙屋倾颓而压死者，有死后无子孙者。此等孤魂，死无所依，最堪怜悯。或依草附木，或作妖为怪，徘徊于星月之下，悲号于风雨之中。今迎尊神，以主此祭，谨设坛于城北，兹当□月上/中/下元佳节，备牲醴羹饭，专祭本县阖境无祀鬼神等，众灵其不昧，来享此祭。凡或一县人民，倘有不孝不睦，侮法欺善，种种奸

---

① 谭抡纂修：《福鼎县志》（嘉庆十一年本），卷四，《典礼》，台北：成文出版社，1974年，第402~403页。

② 谭抡纂修：《福鼎县志》（嘉庆十一年本），卷四，《典礼》，台北：成文出版社，1974年，第414~417页。

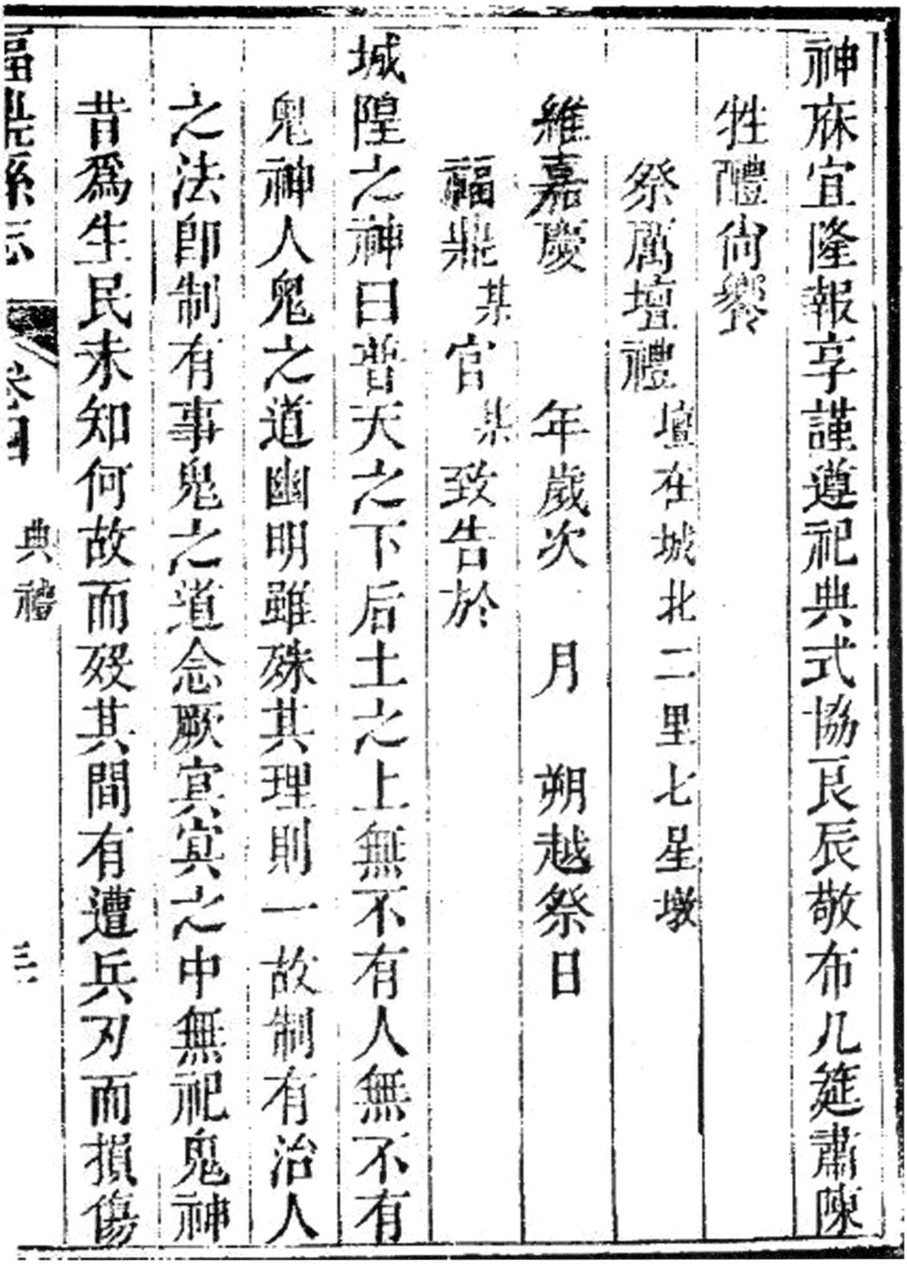
神庥宜隆報享謹遵祀典式協良辰敬布几筵肅陳
牲醴伺饗
祭厲壇禮 壇在城北二里七星墩
維嘉慶　年歲次　月　朔越祭日
福鼎某官某致告於
城隍之神曰普天之下后土之上無不有人無不有
鬼神人鬼之道幽明雖殊其理則一故制有治人
之法即制有事鬼之道念厥冥冥之中無祀鬼神
昔爲生民未知何故而歿其間有遭兵刃而損傷
福鼎縣志　卷四　典禮　三

图 4-6　祭厉坛礼文

图片来源：嘉庆版《福鼎县志》

邪不良之徒,神必报于城隍,发露其事,使遭官府,轻则笞决杖断,重则徒流绞斩。若事未发,必遭阴谴,使举家并遭灾害。如有克孝克睦、受法为善、正直之人,神必达于城隍,阴加护佑,使其家道安和,农事顺遂,父母妻子保守乡里。我等官如有上欺朝廷,下枉良善,贪财作弊,蠹政害民,灵必无私,一体昭报。如此,则鬼神有鉴察之明,官府非谄谀之祭。尚飨!①

根据传统的理解,厉坛所祀为孤魂野鬼,归城隍管辖,故而祭文乃写给城隍。城隍祭属于"官祀"性质,县令上任伊始,必须要到城隍庙进行参拜。每年春秋二祭,都要主持祭典。"地方官员希望在城隍的权威下震慑不良之徒,维护地方正常的社会秩序",官方通过主导祭祀来表明其对社会的控制,乃是一种"王朝隐喻"的存在。②

图4-7 俯瞰晴川

---

① 谭抡纂修:《福鼎县志》(嘉庆十一年本),卷四,《典礼》,台北:成文出版社,1974年,第403~406页。

② 叶梅生、张先清主编:《太姥文化:文明进程与乡土记忆》,北京:商务印书馆,2016年,第948页。

太姥祈雨记

王宗屏

道光乙未夏五月不雨,至于秋七月,民之祷者,靡神不举,瞻仰昊天,不惠其宁。噫,可叹哉!丙申又旱七十有余日,祷者命祈禳。宗屏不敏,乃考《太姥图志》求雨为白龙潭者。随师邱汝舟斋宿,步祷于太姥之神,请指迷焉。潭之路崎岖而断续,穿窦攀藤,梯肩偻背,历十数洞而方至。燃炬睇视,龙头巨石之下有沙洲,前后两井深不可测。伏地泥首置瓶中,俄而龙入于瓶矣。奉以归,雨随路降,霡霂三日,奉龙还潭,乃大雨。其岁田丰获,嗣是丰美十秋。龙之灵,神之福也。今丙午岁逢旱四十日,宗屏师弟再斋、再宿、再祷于神,循前行之旧迹,非有迷途也,而洞口可探,暗次莫见。岂真如志之所云:此中云雾,四时蒙翳,或过之而不知游,或游之而迷其踪,皆神之灵欤?然自出洞后,大澍甘霖,岂龙哀吾志,恶吾扰厥居而为显?此不可思议之象欤!然则龙之灵,又神之福也。神至是溥而博,龙至是盖化而神矣。夫太姥著,已游太姥者遍天下,何以入斯潭者陈仲溱、陈五昌、张世烈、王三省、崔世召、周千秋,古来杰士如林嵩、林祖恕、谢肇淛辈,且不得见,而况其他耶?志曰:"白龙潭之胜甲太姥。其断岩孤峭,千寻削空,瀑布洪流,直为雁岩匡庐所未睹。"又曰:"骊龙方蛰,故容君辈瞷其宫,不尔,将为齑粉!"二说皆不虚,游者其神会焉。

吾师汝舟,福鼎岁贡生

道光丙午(1846年)孟秋识

王宗屏,生卒年不详,字龙潭,福鼎秦屿人,福鼎县庠生。民国版《福鼎县志》载,王宗屏"生平乐善好施。里中义举如建义勇祠、修挈壶桥诸役,皆独任其劳,不吝巨赀",后来又与其侄子王缵徽捐田鬻金,倡办学校,发展福鼎教育。

重建城隍庙碑记

陈培桂

曾读泰之上六曰"城复于隍",《礼记》天子大蜡八,其七为水庸。水隍也,庸城也,此城隍所由肇也。城隍之以神显者,《南齐书》慕容严守郢,有祷城隍获佑事。唐张说、张九龄、杜牧各有祭城隍文。迨宋建隆

后,庙祀始遍于天下。明初加封,府曰公,州曰侯,县曰伯,旋去封号。定为府州县城隍之神。朝因之是,城隍神之显灵甚矣哉。如水之在地,无处不被其泽矣。同治癸亥夏六月,某来宰是邦,先祀神而后视事,例也。追入庙,则为瓦砾场,神炉设,心识之,未敢忘。视事后,谒诸绅,知辛酉冬毁于兵燹,修复已有成议矣。因欲思速成之。复思神者城之主也,城者神之依也,人神相依,城与庙皆不可缓。爰默祷于神,愿时和年丰,庙与城同其巍焕,俾金瓯固,玉烛调,谅神亦和平其听也。乃捐薄廉倡建,嘱诸绅鸠工庀材,经始于癸亥七月,迄乙丑七月始睹落成,鼎城亦同时告竣。非神之默佑,其能若是哉!夫修废举坠,阐幽彰显,邑令责也。因不辞而为之记。是役也,费白金千零。拓庙前基址二丈,庙门东向仍其旧。董其事者,为梁君丕纯等。应与书之,以垂久远。

　　同治四年(1865年)秋七月同知衔知福鼎县事高要陈培桂谨撰

　　陈培桂,生卒年不详,字香根,广东高要人。清宣宗道光二十六年(1846年)举人。清文宗咸丰三年(1853年)考取咸安官学教习,翌年倡率团练抗击乱军有功,以知县用。后来选授为永福知县。清穆宗同治二年(1863年)与福鼎知县李心简对调。同治四年(1865年)调任龙溪、侯官、沙县等地。六年(1867年)改授澎湖通判。同治八年(1869年)升任淡水厅同知。翌年主持纂辑《淡水厅志》。同治十年(1971年),因隐匿命盗案未报而遭讦发,被解任。

参考文献

一、史志史料

《点头蓝氏宗谱》,清咸丰三年(1853年)修。
《海田费氏宗谱》,清光绪廿八年(1902年)修。
《潋城杨氏宗谱》,共和甲子年(1984年)重修版。
《桐山高氏族谱》,清宣统辛亥年(1911年)刊本。
《福鼎文史资料》,第21辑,内部刊行,2002年。
《三教源流搜神大全》,清代西岳天竺国藏版。
班固:《汉书》,北京:中华书局,1962年。
陈寿祺等撰:《福建通志》(同治十年重刊本),台北:华文书局,1968年。
董天工:《武夷山志》(乾隆十六年本),台北:成文出版社,1974年。
范晔:《后汉书》,北京:中华书局,1965年。
福鼎市地方志编纂委员会编:《福鼎旧志集》,福州:福建人民出版社,2013年。
福建省地方志编纂委员会编:《福建省志·宗教志》,厦门:厦门大学出版社,2014年。
何乔远:《闽书》,明崇祯刻本。
何乔远:《名山藏》,福州:福建人民出版社,2005年。
黄仲昭:《八闽通志》,福州:福建人民出版社,2006年。
里人何求:《闽都别记》,福州:福建人民出版社,2012年。
梁克家:《三山志》,福州:海风出版社,2000年。
林守无主编:《福鼎县志》,福州:海风出版社,2003年。
卢宜忠主编:《福鼎县志》,北京:中国统计出版社,1995年。

罗汝泽等修,徐友梧纂:《霞浦县志》(民国十八年本),台北:成文出版社,1967年。

马端临:《文献通考》,清光绪二十二年(1896年)浙江书局刊本。

闵智亭、李养正主编:《道教大辞典》,北京:华夏出版社,1994年。

莆田县志编辑委员会编:《莆田县志·莆田的宗教》,1963年。

全春波、徐端修主编:《上步村志》,北京:中国文史出版社,2014年。

沈瑜庆、陈衍等纂:《福建通志》,民国二十七年(1938年)印本。

盛朝辅等修,高澍然等纂:《重纂光泽县志》(道光二十年版),上海:上海书店,2000年。

司马光:《资治通鉴》,北京:中华书局,1956年。

司马迁:《史记》,北京:中华书局,1959年。

谭抡纂修:《福鼎县志》(嘉庆十一年本),台北:成文出版社,1974年。

王松渠等纂:《委羽洞天邱祖龙门宗谱》,民国二十九年(1940年)浙江黄岩委羽山刊本。

吴赵青:《大宁德风物志》,北京:中国文联出版社,2010年。

谢章铤:《赌棋山庄集》,清光绪十四年(1888年)刻本。

许益平、陈重銮主编:《福鼎风物志》,北京:中国作家出版社,2008年。

杨崃:《重修石湖东观志》,《潋城杨氏族谱》,1984年重修版。

叶明生:《福建省寿宁县闾山梨园教科仪本汇编》,台北:新文丰出版股份有限公司,2007年。

殷之辂修,朱梅等纂:《福宁州志》(万历二十一年本),北京:书目文献出版社,1990年。

张景祁等纂修:《福安县志》(光绪十年刊本),台北:成文出版社,1967年。

张宇初等主编:《道藏》,北京—上海—天津:文物出版社、上海书店、天津古籍出版社,1987年。

张之洞:《劝学篇》,郑州:中州古籍出版社,1998年。

赵尔巽等撰:《清史稿》,北京:中华书局,1976年。

赵嘉珠主编:《中国会道门史料集成:近百年来会道门的组织与分布》,北京:中国社会科学出版社,2004年。

赵翼:《陔余丛考》,上海:商务印书馆,1957年。

周梦虞等:《福鼎县志》,民国刊本。

朱珪修,李拔纂:《福宁府志》(乾隆二十七年本),台北:成文出版社,1967年。

二、专　著

陈支平主编:《福建宗教史》,福州:福建教育出版社,1996年。
何绵山:《福建宗教文化》,天津:天津社会科学院出版社,2004年。
黄德信:《秦屿祈雨》,《福鼎文史·秦屿专辑》,内部刊行,2007年。
孔令宏等:《浙江道教史》,北京:中国社会科学出版社,2015年。
蓝运全、缪品枚主编:《闽东畲族志》,北京:民族出版社,1999年。
李留梅:《店下求雨习俗》,《福鼎文史·店下专辑》,内部刊行,2009年。
林国平、邱季端主编:《福建移民史》,北京:方志出版社,2005年。
卢美松:《闽中稽古》,厦门:厦门大学出版社,2002年。
鲁迅:《鲁迅全集》,北京:人民文学出版社,1958年。
施联朱等:《畲族简史》,福州:福建人民出版社,1980年。
叶梅生、张先清主编:《太姥文化:文明进程与乡土记忆》,北京:商务印书馆,2016年。
叶明生:《福建省寿宁县闾山梨园教科仪本汇编》,台北:新文丰出版股份有限公司,2007年。
尹志华:《清代全真道历史新探》,香港:香港中文大学出版社,2014年。
詹石窗:《南宋金元道教文学研究》,上海:上海文化出版社,2001年。
张木良主编:《闽台宗教名胜旅游博览·宁德卷》,莆田:国际华文出版社,2010年。
张树国:《宗教伦理与中国上古祭歌形态研究》,北京:人民出版社,2007年。
张永宏:《七月流火觅仙踪:柘荣马仙信俗文化田野考察报告》,北京:宗教文化出版社,2015年。
郑国栋等:《泉州道教》,厦门:鹭江出版社,1993年。
郑丽航:《宋至清代国家祭祀体系中的妈祖综考》,《世界宗教研究》2010年第2期。
朱大可:《华夏上古神系》,北京:东方出版社,2014年。
朱正元:《浙江沿海图说》,台北:成文出版社,1974年。

三、报纸杂志

白荣敏:《"福鼎史话"之九十二:沙埕铁枝 中华一绝》,《福鼎周刊》2014年4月23日第3版。

白荣敏:《"福鼎史话"之三十七:乾隆四年,福鼎建县》,《福鼎周刊》2013年3月6日第3版。

白荣敏:《应与名山旧有缘》,《海外文摘》2017年第1期。

陈仕玲:《太姥山水湖元代石刻初考》,《福鼎周刊》2013年5月31日第3版、2013年6月7日第3版、2013年6月14日第3版。

冯文喜:《妈祖信俗:渔村的一道风景》,《福鼎周刊》2014年8月6日第3版。

冯文喜:《前岐马灯:春风得意马蹄疾》,《福鼎周刊》2014年7月30日第3版。

冯文喜:《寺前鱼灯:极富渔家特色的民俗文化》,《福鼎周刊》2014年11月19日第3版。

夏林:《晏公和前岐的渊源》,《福鼎周刊》2012年10月12日第3版。

四、学位论文

宋永和:《闽东地区"释教"的形成与仪式形态之研究》,福建师范大学硕士学位论文,2011年。

后　记

2017年6月初,福鼎市道教协会费汉曹会长与笔者联系,告知福鼎市政协准备出版《福鼎文史资料》宗教文化专辑,希望笔者能够组织考察团队,前往福鼎进行调研,系统整理太姥信俗文化暨福鼎道观和民间信仰场所的历史沿革与现状。笔者向四川大学老子研究院院长詹石窗教授和厦门大学道学与传统文化研究中心主任黄永锋教授汇报,得到两位恩师的鼓励和支持。笔者关注太姥信仰有年,之前曾前往福鼎十多次进行宗教文化田野调查。惜乎所得有限,颇为零碎。此次受邀参加福鼎考察,自是相当高兴。

于是,笔者联系浙江道教学院李嗣稔、闫崇真、赵金飞、李恩馨等四位道友,以及厦门大学金文卓、南京师范大学胡明宇、江西师范大学聂宁杰等三位学友,组成了"丁酉福鼎道教文化考察队"。然则,福鼎政协交稿日期提前,考察活动也必须提前至7月中旬,与笔者拟于同期参与武当山"中华优秀传统文化传承人培育工程夏季工作坊"活动发生冲突。经过多方商洽,笔者只好委托李嗣稔道长带队,先行下田野调研。笔者随后跟进,进行查漏补缺的工作。福鼎市道教协会则在费汉曹会长坐镇下,组织郑昌蕉、徐本银、湛宗康、蔡孙欧、林上电、雷家友、张振潮、林宗平、陈平权、郑光平等骨干人员,协助此次调研活动。

此次调研活动较为顺利。随后,组员整理田野资料,撰写文字,加上福鼎市道教协会提供的材料,都汇集到笔者手中。经过一个多月的统稿整理,大致形成了《福鼎道教文化和民间信仰》(六万多字)。看着这些文字,感觉不是很好,然则时间紧迫,不得不如此这般差强人意地交差了。

2018年1月底,厦门大学民族学与人类学系主任张先清教授通过黄永锋教授联系到笔者,告知他正在主持"太姥文化研究资料丛刊",希望笔者修改书稿,纳入丛刊的出版项目。因为课题需要,书名改作《太姥宫庙道俗》。笔者异常兴奋,但又诚惶诚恐,担心达不到出版要求。张教授则认为丛刊项目属于资料整理性质,笔者的稿子符合要求,同时鼓励笔者继续修改完善,丰富文稿内容。在接下来的两个多月内,笔者系统翻检有关太姥信俗文化暨福鼎道教的史志文献和学界前辈的研究成果,求教于恩师詹石窗教授和黄永锋教授,自然也少不得征询费汉曹会长和张先清教授的意见,在审稿环节又与厦门大学出版社薛鹏志老师数番交流,多蒙点拨指教。看着这个"成果",心头万种思绪涌现。虽不敢谓坚实,独反躬其无愧。

本书分工情况如次:第一章"太姥仙道信俗"由笔者撰写。第二章"福鼎乡土宫庙"第一节由笔者撰写,第二节主要由考察队成员撰写,笔者进行润色、修订和统稿。第三章"福鼎道教文化"第一节由笔者撰写,第二节、第四节由福鼎市道教协会提供原始资料,笔者进行整理,第三节主要由考察队成员撰写,笔者润色统稿。第四章"太姥艺文选录"由笔者检索旧籍,选录有关道教内容的诗文,并加以按语说明。

值此书出版之际,谨向费汉曹会长、詹石窗教授、黄永锋教授、张先清教授、薛鹏志编辑暨福鼎市道教协会、福鼎市政协诸同仁、丁酉年福鼎道教考察队诸成员表示诚挚的谢意,向热爱乡土文化、关心传统文化发展、矢志于学术研究和文化普及、"念兹在兹"的人士表达崇高的敬意!

张永宏

2019 年 6 月 21 日

于厦门大学哲学系